「読むこと」の
授業が10倍
面白くなる!

国語教師のための
読解ツール10＆24の指導アイデア

髙橋達哉・三浦　剛　著

明治図書

はじめに

あなたのクラスの子どもたちは、国語の授業を楽しみにしていますか？

先生は、楽しく授業ができていますか？

算数のように、国語で教えることが明確に分かっていますか？

本書を手に取ってくださった、あなた。

まずは左記のチェックリストに、どれだけ当てはまるか、試してみてください。

一つでも該当したとしたら…。

本書は、きっとあなたのお役に立つはずです。

チェックリスト

□国語の授業が苦手だ。

□「読むこと」の授業をどうつくればよいか，いつも悩む。

□説明文の授業が，つまらない。

□物語文の授業で，登場人物の気持ち以外に何を教えればよいかが分からない。

□とりあえず指導書を頼りに授業をしている。

□授業のパターンがいつも一緒。

□子どもたちが楽しく授業に取り組めていないことが多い。

□「今日の授業で，子どもたちが学んだことは何ですか？」と聞かれると困る。

□先輩や同僚に相談してはみるものの，どう授業すればよいかが分からない。

□教育書を読んではみるものの，どう授業すればよいかが分からない。

「国語の授業、苦手なんですよね…。」

「特に説明文の授業がつまらないんです。でも、物語も何を教えればいいかよく分かりません。」

現場で日々の授業に奮闘する若手教員からよく聞こえてくる言葉です。

基本的に、国語の授業は毎日あります。

毎日あるのに、「何を教えたらよいかが分からない教科」、「授業をするのが難しい教科」として受け取られがちなのが国語です。

中でも、説明文や物語文など、「読むこと」の領域に関しては、指導書を読んでみても、いまいち授業の仕方が分からない…といったことも多いのではないでしょうか。

どんな教材にも、その教材ならではの「教材の特性」があります。

そして、もちろん私たち教師は、「指導のねらい」をもっています。

しかし、この二つを結び付けて授業を行うことは、決して容易ではありません。

本書で紹介する「10の読解ツール」は、「教材の特性」と「指導のねらい」を結び付け、国語の授業をより面白く、充実したものにするための提案です。

「読解ツール」をモノにすれば、明日からの授業が確実に変わります。

二〇一八年八月

三浦　剛

目次 CONTENTS

第4章 読解ツールを活用した「文学」教材の指導アイデア&ワークシート

※第3章、第4章でご紹介しているワークシートデータ（PDF）は以下のURLからダウンロードできます。
URL　http://meijitosho.co.jp/065527#supportinfo
ユーザー名　065527
パスワード　kokugosuki

●ある学校の職員室で…

若手教師　先輩、ちょっと伺いたいことがあるんですが…。
先輩教師　ん？　どうした？
若手教師　あの…、国語の授業がうまくいかなくて。何かアドバイスいただけませんか？
先輩教師　国語ね～。難しいよね。おれも初任者のときは、それはもう悲惨な授業だったよ。
若手教師　悲惨ですか…？　それはどういった意味で…？
先輩教師　子どもたちが面白くなさそうにしていてさ。国語の授業中は、教室の雰囲気が暗くて、どよーんとしていたよ（笑）。
若手教師　えっ、そうなんですか!?　信じられません…。だって、いつも先輩の教室を覗くと、国語の授業がものすごく盛り上がっているから…。
先輩教師　いやぁ、おれも、すっごく、すっごく努力したのよ。初任者のとき、そんな授業ばかりしていたからさ、何とかして力を付けたいと思ってね～。
若手教師　実は、自分も初任者の頃の先輩と同じような悩みを抱えているんです！　一生懸命、教材研究をしてから授業に臨んでいますし、教えなければいけない内容を教えることは、それなりにできていると思うんですが、とにかく子どもたちが面白くなさそうで…。
先輩教師　その気持ち、よく分かるよ。そういうとき、心の中で、子どもたちにめっちゃ謝る自分がいるよね。…面白くないよねー。ごめんねー。って（笑）。

若手教師　はい、ほんとにその通りです…。でも、先輩も、たくさんたくさん努力をされて、今があるんですものね。アドバイスくださいって言いましたが、そんなに簡単なことじゃないですよね、面白い授業をするのは。

先輩教師　あ、いや、えーっとね、すっごく努力したのは本当だし、もちろん経験年数による差もあるとは思うんだけど…。

若手教師　…けど、何ですか?

先輩教師　引き出しの違いってやつかな?

若手教師　え? 「引き出し」ですか? …そりゃあ、机の引き出しに入ってるものなんて、人それぞれ違うに決まってるじゃないですか!

先輩教師　違うよ、その引き出しじゃない(笑)。おれもさ、面白くて力の付く国語の授業をしたいと思って、本を読みまくったり、研究会に足を運んだりしたわけよ。そんな中で手に入れた「授業のための究極の引き出し」があるんだよ。

若手教師　…もしかして、それさえ知っていれば、ぼくにも面白い授業が…?

先輩教師　そう。それはね、説明文にも文学にも使える、読むことの授業を面白くしつつも、教えるべきことをしっかり教えることができるっていう画期的な方法なんだ。すっごく便利な読むことの授業のための道具だから、「読解ツール」って呼んでるんだよね。

若手教師　「読解ツール」ですか。…ぜひ、詳しく教えてください!

先輩教師　もちろんだよ。では、まずは、一つ目。これが一番使えるんだけど…。

❶「読むこと」の授業を知的で面白くする読解ツールとは

①面白くできないから、教材のせいにする

ある若手教師A

「この説明文、面白くないんだよ～。授業中、子どもたちもつまらなそうなんだよね。」

…あの～、それって、説明文の授業がうまくいかない責任を、教材に押し付けていませんか？

ある若手教師B

「物語はさ、一回読めば分かるでしょ？　何度も読めば、子どもも飽きるよね～。」

…あの～、もしかして、物語の授業が盛り上がるのは、はじめの方だけだと思っていませんか？

授業が面白くできないから、教材のせいにする。何回も読んでいるからと言い訳する。その気持ち、とてもよく分かります。そう思いたくなることも、ありますよね。

でも実は、教材のせいでもなく、何度も繰り返し読んでいることが原因でもない。そのことに、何となく気付いている…そんな先生も多いのではないかと思います。

そうすると、やはり、授業が面白くできないのは、**授業力**がないからでしょうか。それとも、先生自身に**読解力**がないからでしょうか。**教材研究力**が足りないのでしょうか。それとも、**経験**が浅いからなのでしょうか。

私たちはそれが全てとは考えません。

「読むこと」の授業が面白くできないのは、**「方法を知らないから」**だと考えます。つまり、**方法を知れば、経験の浅い若手教師にも面白い授業はできる**のです。

教科書教材は、「面白さの宝庫」だと言えます。どんなに平板に思える説明文も、実はたくさんの面白さを秘めているのです。何度も読んだ物語にも、見えていなかった面白さが必ずあります。それを子どもたちと共有できれば、授業はもちろん面白くなります。しかし、そのためには、面白さを浮き立たせるような方法が必要です。

本書では、**教材の面白さが見えてくる読みの方法**として、**10の読解ツール**を紹介しています。

それぞれの読みの方法を使って、授業づくりをしてみてください。きっと、子どもたちは前のめりになって発言し、話し合いも大いに盛り上がります。そんな子どもたちの生き生きとした表情から授業への手応えを感じ、読むことの授業の面白さを実感するはずです。

さらに10の読解ツールは、授業づくりに使える方法であるだけでなく、教材研究に使える方法でもあります。教材研究は教師用指導書に頼り切っている、という先生も多いと思います。もちろん教師用指導書も、重要な教材研究の材料です。しかしこれからは、それに加えて、本書の10の読解ツールを用いて教材を読んでみてください。きっと、教材の面白さを、自分なりに発見することができるはずです。先生が面白さを実感して授業をしていれば、子どもたちにとって、より一層魅力的な授業になるのではないでしょうか。
10の読解ツールは、授業力と同時に、教材研究力も高めることができるのです。

ただし、気を付けなければいけないのは、**「面白ければいい」、「盛り上がればオッケー」という考えは禁物**だということです。

そもそも、授業における「面白さ」というのは、「げらげら大笑いするような面白さ」ではなく、「発見や気付きがある知的な面白さ」です。もちろん「笑いあり」、「活発な議論あり」の楽しく盛り上がる授業を目指したいですが、**最も大切なのは「学びあり」となっていること**です。

指導方法の工夫は大切ですが、指導内容をおろそかにしては本末転倒なのです。

そこで、第一章では、まず、「読むこと」の授業づくりの基礎的・基本的な理論を確認します。
「読むこと」の授業で扱う教材を、説明文教材と文学教材（物語や詩など）の二つに大きく分けて、それぞれの授業づくりにおいて、何を教える必要があるのかを解説します。

❷「説明文」の授業力と教材研究力を高める基礎知識

①「説明文の授業で何を教えるか」ということ

「説明文の授業で、何を教えたらいいのかよく分からない。」

これは、説明文の授業に対する若手教師の悩み、ナンバーワンです。

「説明文の授業は苦手、難しい」と感じる最大の要因は、ここにあります。そして、その「よく分からない」という思いを抱いてしまうのは、**〈何を読ませるか〉〈どう読ませるか〉〈どんな力を付けるか〉の三者を混同してしまっているから**だと考えられます。だからまずは、その三者を整理して理解することが大切です。「説明文の授業で何を教えるか」＝説明文の〈何を〉〈どう〉読ませ、〈どんな力を付けるか〉なのです。

②説明文の〈何を読ませるか〉ということ

今から50年以上前、説明文の学習指導研究が盛んになってきた頃、「説明文の『内容』と『形式』のどちらを教えるべきか」ということが熱心に議論されました。当時は、「『内容』か『形式』か、白黒決着をつける！」といった勢いでしたが、現代では、もちろんその両方が大切であるというのが一般的な見解となっています。

「内容」というのは、説明文に「書いてある内容」のことです。

「すがたをかえる大豆」（光村3年）であれば、「大豆はダイズという植物の種であることなどの大豆に関する情報」や、「大豆を美味しく食べるさまざまな工夫」、そしてそれによってできる「大豆食品のバリエーション」、また「なぜ大豆が他の作物に比べて多くの食べ方が工夫されてきたか」ということや、そうした工夫をしてきた「昔の人々のちえに対する筆者の思い」などが内容です。

「形式」というのは、説明文における「説明の仕方・書き方」のことです。

先ほども例にした「すがたをかえる大豆」であれば、説明の仕方として、「話題提示をしてから本論に入っている」、「九つの事例を五つに分類している」、「分類した五つのグループを、手の加え方が単純なものから複雑なものへと配列している」ことなどが挙げられます。

このような「書いてある内容」と「説明の仕方・書き方」を、まずは教師が教材研究で把握することが大切です。そして、それらの中で、授業で子どもたちにきちんと理解させたいことをピックアップして単元を構成していくことになります。

③説明文を〈どう読ませるか〉ということ

一九八〇年代以降、説明文を自分なりに解釈したり、評価したりしながら読むことが重視されるようになりました。それまで、説明文と言えば、「書かれている通りに正確に理解すること」が指導の目標であったため、この時期は大きな転換点と言えます。

ただ、30年以上経った今でも、説明文を〈どう読ませるか〉ということについては、様々な考え方があるのが現状です。ここでは、森田信義、長崎伸仁、桂　聖の三氏の考え方をベースにした考えを示すことにしたいと思います（文献は、巻末にまとめて掲載してあります）。

現時点で私は、説明文を〈どう読ませるか〉、つまり読ませ方として、**「確認」、「解釈」、「評価」の三つの方法**があると考えています。

〈どう読ませるか〉を、先述の〈何を読ませるか〉と併せて整理すると、表1のようになります。

表1

表1	何を読ませるか ①書いてある内容	何を読ませるか ②説明の仕方・書き方
どう読ませるか 確認	A	B
どう読ませるか 解釈	C	D
どう読ませるか 評価	E	F

「確認」は、①の書いてある内容や、②の説明の仕方・書き方を、**整理するような読み**です。基本的に客観的根拠に基づいて考え、そこには、極力主観が入り込まないようにします。

「解釈」は、①や②について、筆者の立場に寄り添って、**筆者の考えや意図を理解しようと努めるような読み**です。明確な根拠がない場合に、「確認」ではなく、この「解釈」になります。

「評価」は、①や②について、**読者の立場から価値判断を下すような読み**です。基本的には、①については

「妥当か」「賛同できるかどうか」、②については「分かりやすいかどうか」の判断をします。

先ほどから教材例として取り上げている「すがたをかえる大豆」をもとに、「A」～「F」の読みについて、少し具体的に例示します。

A　1、2段落に書かれている大豆についての情報（そのままではかたくて食べにくいことなど）、3段落から7段落の事例（豆まきに使う豆など九種類）と作り方などを確認する。

B　はじめ・中・終わり、各段落の事例の説明の仕方（一文目で抽象→二文目以降で具体）、事例の分類の仕方（工夫の仕方で五つに分類している）などを確認する。

C　筆者の主張（筆者は、食品としての大豆のすばらしさを伝えようとしている）などを解釈する。

D　事例の順序性（3段落冒頭に「いちばん分かりやすいのは」とあることから、おそらく、大豆だと分かりやすいもの→分かりにくいものという順序で説明している）などを解釈する。

E　取り上げられている事例の他に、加えた方がよいものはないか（例えば油揚げや豆乳）、などを評価する。

F　問題提示文があった方がよいか、説明の順序はこれでよいか、などを評価する。

④「説明文の授業づくり」と〈どんな力を付けるか〉ということ

表1の「A」～「F」の読みは、説明文の授業で子どもに促す読みの一覧です。説明文の授業は、この「A」～「F」の読みを組み合わせて構成していると言えます。

私が一時間の授業をつくる上で、必ず取り入れようと思っているのが、「B」や「D」の読みです。「B」や「D」の読みというのは、説明文の「形式」の読みです。なぜこれらの読みを必ず取り入れるかということについては、実は説明文の授業で〈どんな力を付けるか〉ということと関わってきますので、話を少しそちらへ向けます。

説明文の授業で育む「力」

「説明文を読む力」というのは、「説明文を読む力」であり、もちろんそれは、「ある特定の説明文を読む力」ではなく、「様々な説明文を読む力」を指します。つまり、説明文の授業では、「様々な説明文を読むときに共通して使える読み方」を指導する必要があるのです。「すがたをかえる大豆」という特定の説明文を読む力を育てるわけではなく、「すがたをかえる大豆」という説明文の授業を通して、様々な説明文を読むときに共通して使える読み方を教えるのです。

「様々な説明文を読むときに共通して使える読み方」というのは、言い換えれば、**「様々な説明文に共通する説明の仕方・書き方についての知識」**です。初めて読むときに、「あ、この説明文も、前に学習した説明文と同じだ！」と気付くことができるような知識のことです。

「A」や「C」の「内容」の読みは、いくら詳細に行ったとしても、その説明文の枠を出ることはありません。一方で、「B」や「D」の「形式」の読みは、他の説明文に使える知識を得ることにつながる可能性があります。だから、必ず取り入れようと考えているわけです。

ただし、単に授業で「B」や「D」の形式面の読みを扱ったからと言って、それで即「様々な説明文を読むときに使える読み方」を教えることができたとは言えません。その形式を、「一般化・抽象化して示すこと」が大切です。例えば、「じどう車くらべ」（光村1年）で、事例の順序が「バスや乗用車→トラック→クレーン車」となっていることを確認したり、「身近な車→身近でない車」となっていると解釈したりするだけでなく、「順番にも、書いた人の考えがあるんだね」と、「事例の順序には筆者の意図がある」というレベルまで**抽象度を上げて示す**のです。そうすることで、「説明文の事例の順序には筆者の意図がある」という他の説明文を読むときにも使える一般化された知識となります。このことについては、桂 聖・奈須正裕（二〇一六）に詳しく書かれていますので、ぜひ参照してください。

それからもう一点、一時間の授業の構成として、次のように段階的に授業を展開することが大切だと思っています。

「内容」の読み→「形式」の読み／「確認」する読み→「解釈」や「評価」する読み

いきなり「形式」について考えるのは、難しいですし、つまらない授業になりがちです。まずは、内容面を理解した上で、それをヒントに形式面を考えていくという展開が無理のない展開です。

また同様に、確実に読める内容を「確認」した上で、推論が必要な「解釈」や、それぞれの価値観が反映する「評価」を行うというように、段階を踏むことも大切だと考えています。

なお、「様々な説明文を読むときに共通して使える読み方」の具体について、筑波大学附属小学校国語教育研究部（二〇一六）が、大変参考になります。ぜひ、併せてご参照ください。

❸「文学」の授業力と教材研究力を高める基礎知識

①とりあえず「気持ち」を考えさせればいいのか？

文学の授業で、「必ず」と言ってよいほど投げかけられる発問があります。それは、**「このときの、登場人物の気持ちは…？」**という発問です。

もちろん、文学の授業において、登場人物の気持ち（心情）を考えさせることは、学習指導要領にも記載されている大切な指導事項です。この発問自体を否定する気はありません。

問題なのは、「とりあえず、気持ちを考えさせれば大丈夫」、「気持ちは？と問うていれば、授業が何とか成立する」という考えで行われてしまっている場合です。毎回毎回、「気持ちは？」と問われ続けた子どもたちは、きっと文学の授業に飽き飽きしてしまっていることでしょう。もしかしたら、本書をお読みの先生方ご自身も、毎回気持ちを問う授業に嫌気がさしているかもしれません。

②「気持ちが悪いほど気持ちを問う授業」からの卒業を！

「気持ちが悪いほど気持ちを問う授業」とは、毎時間、気持ちばかりを問う文学の授業の在り方を問題視し、指摘した言葉です。

先ほども述べましたが、もちろん、登場人物の気持ちを考えたり、様子を想像したりすることは、文学的文章の学習指導の中心的な内容であり、重要なものです。しかし、毎回同じ発問で気持ちを問うていたのでは、子どもたちの学習意欲が減退することは目に見えています。

それだけではありません。

当たり前ですが、文学の授業の目的の一つは、子どもたちが文学をよりよく読めるようになることです。作品の世界をより味わうことができるようにすることです。

そのためには、授業において、「気持ちを考え、想像する」だけでよいのでしょうか…。

もちろんそれだけでは不十分です。

登場人物の気持ちの理解を中心にしながらも、性格や人物像、情景や表現の効果、登場人物の相互関係などについても考えさせる必要があるのです。


さらに、もう一つ。「考えさせる」だけでなく、「方法を理解させる」ことが大切です。

例えば、「大造じいさんとガン」（光村５年）の授業で、第一場面（一羽のガンを手に入れた日の翌朝）の大造じいさんの心情を考えさせるとします。

学習者からは、「前の日に成功しているから、今日もうまくいくと思っているはずです。」という意見や、「たかが鳥だから、きっと忘れてやってくるに違いないと、成功を確信しています。」などの意見が出されることが予想されます。中には、次のような意見があるかもしれません。「秋の日が美しく輝いていましたと書いてあって、なんだか成功しそうな感じがする。大造じいさんの気持ちを表しているかもしれません。」こうした意見を受けて、この場面での大造じいさんの心情については、「作戦の成功を信じている」のような感じにまとまったとします。

確かにこの授業では、大造じいさんの心情を考えることはできています。第一場面のある時点における大造じいさんの心情についての理解は促されていますが、果たして、それを理解したことが、図書館で借りている文学作品の読みに役立つでしょうか。

この授業を通して身に付いた「文学作品を読む力」は何でしょうか。この授業を経たことで、「他の文学作品の読みに生かせる読み方」を、学習者は得ることができているのでしょうか。

「考えさせる」だけでなく、「方法を理解させる」というのは、「気持ちの考え方」、「人物像の捉え方」、「表現技法」…などの、方法（考え方、捉え方）を教えるということです。「大造じいさんとガン」の例で言うと、「秋の日が美しく輝いていました」を根拠にした子どもの意見を取り上げ、「このような表現は『情景描写』と言って、人物の心情と関わっています。これから、心情を考えるときには、このような景色の描写にも目を向けるといいですね。」と伝えることで、「情景描写」から人物の気持ちを考えるという「方法」を理解させることができます。

授業の中で「考えさせる」ことももちろん重要ですが、「方法を理解させる」ことによって、その授業で学習したことを、他の作品の読みに生きる力とすることができます。

ここまでのことを踏まえて、以下では、文学の授業づくりをする上で大切なポイントについて、〈何を読ませるか〉、〈どう読ませるか〉という二つの点から紹介します。

③誰の心情を読ませるかということ

最初に〈何を読ませるか〉という点について述べていきます。文学作品の多くは、人物の行動や関わり合い、そしてそれに伴う心情の変化が軸となってストーリーが展開していきます。つまり、「登場人物の心情」をいかにつかむかということが、一番のポイントとなります。

しかし、ここで注意しなければいけないことがあります。それは、「誰の心情を読ませるか」という点です。登場人物が出てくれば、その都度、出てきた人物の心情を考えさせればよいというものではありません。**文学には、心情を考える根拠がある人物と、そうでない人物がいます。**心情を考える根拠がある人物を**〈視点人物〉**、そうでない人物を**〈対象人物〉**と言います。

「ごんぎつね」（光村4年他）を例に考えてみましょう。「ごん」の心情をつかむことができる叙述は、本文の中に数多く書かれています。しかし、「兵十」や「加助」の心情を汲み取る叙述はなかなか見つかりません。つまり、叙述に沿って「ごん」の心情を考えることはできても、対象人物となっている兵十や加助の心情を考えるとすると、本文から離れた空想の世界に及んでしまうのです。このように、登場人物を〈視点人物〉と〈対象人物〉とに分けて考え、〈視点人物〉の心情を問う必要性を提示したのは、文芸教育研究協議会（文芸研）の西郷竹彦でした。

では、どうすれば〈視点人物〉と〈対象人物〉を見分けることができるのでしょう。それは、**「どのような視点で描かれた物語か」**という作品の構造を明らかにすることで解決できます。「ごんぎつね」の「ごん」を「ぼく」に置き換えて読んでいくと、途中まで何の不都合もなく読むことができます。これは、語り手が「ごん」の視点に入り込んで物語が描かれているからです。これを**〈三人称限定〉視点**と言います。このように、どのような視点に立って描かれている文学なのかをつかむことで、〈視点人物〉と〈対象人物〉を把握することができます。この他にも、**〈一人称〉〈三人称客観〉〈三人称全知〉**があります。

一人称　…「ぼく」や「私」といった代名詞で表される登場人物を通してその世界を見る視点。
三人称客観…物語の外側にいる「語り手」の目や心を通してその世界を見る視点。
三人称全知…登場人物全ての感覚を捉えている「語り手」を通してその世界を見る視点。

④心情を直接問わない

次に、〈どう読ませるか〉という点です。②でも述べたように、「気持ちが悪いほど気持ちを問う授業」では、子どもたちの学習意欲が低下する一方です。

そこで提案したいのは、**「登場人物の気持ちを直接問わない」**という指導方法です。

「このときの気持ちは…？」と気持ちを直接問う授業を乗り越えるために、長崎伸仁（二〇一六）は、間接的に登場人物の心情を考える方法を提案しました。第2章以降に詳しく実践の方法を載せていますが、例えば、「スケーリング」を用いて「程度」を表すことで、叙述をもとに登場人物の心情をつかみ、自分の読みを具体的に表現することができます。

「モチモチの木」（光村3年他）を例に挙げましょう。

①医者様を呼びに坂を駆け下りていくときの「豆太」の気持ちは？

②医者様を呼びに坂を駆け下りていくときの「豆太」の様子を五段階の勇気スケールで表そう！

①が心情を直接問う一方、②は心情を直接問わず、勇気の度合いを表現させています。

①の場合、子どもから返ってくる返答は、ほぼ一様と言ってよいでしょう。「じさまが死んでしまうのではないかという不安な気持ち／恐い気持ち」……等々、ほとんど考え方に差が出ません。

②の場合、「豆太」の様子を「勇気スケール」で表すことによって、様々な解釈を引き出すことができます。臆病だった「豆太」が一生懸命はだしで暗い夜道を駆け下りていく姿から「4」を選ぶ子もいれば、自分には到底無理だと感じて、自分に根拠を置きながら、最も勇気の度合いが高い「5」を選ぶ子もいるかもしれません。スケーリングを用いて引き出した解釈の違いについて話し合うことで、登場人物の心の揺れ動きが捉えられるのです。

登場人物の心情を直接問わないことによる効用は、三つあります。一つ目は、学習意欲を高められるという点です。二つ目は、叙述に即して考える力を身に付けられるという点です。ここまでは、先に示した例でお分かりいただけると思います。そして三つ目は、新たな読みが生まれるという点です。叙述に即して自分の考えをもち、活発に意見を交流する中で、それまで見えなかった作品の面白さを見出すことができるのです。こうした「登場人物の気持ちを直接問わない」ことによる効用の具体については、長崎（二〇一六）に詳しくまとめられています。ぜひ、参考にしてください。

方法1
一番を考える

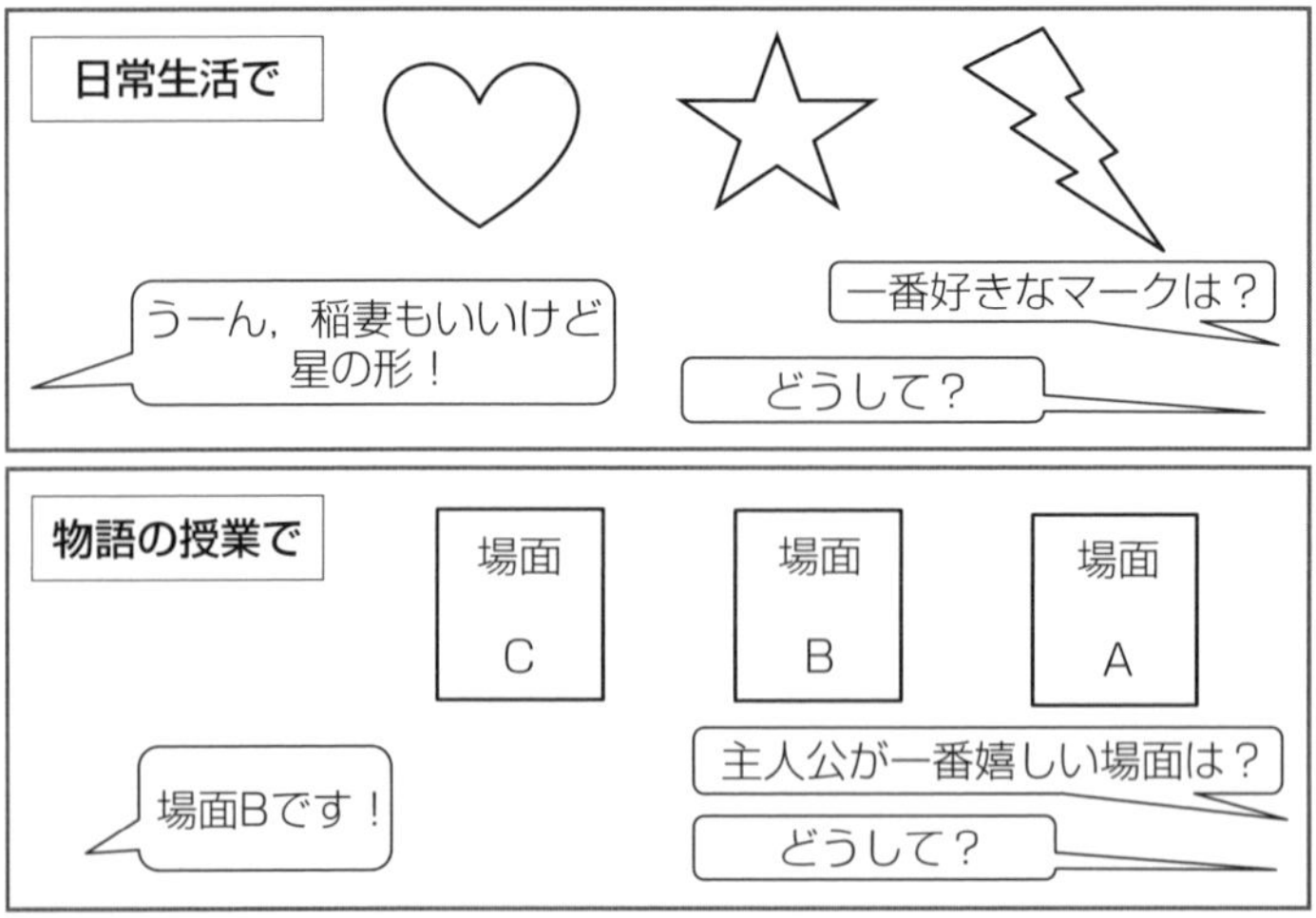

「一番好きな食べ物は？」、「今一番欲しいものは？」、「一番なりたい職業は？」…などの質問、学校でもよく耳にしますよね。

　子どもたちは、日々の生活の中で、このような「複数の候補がある中から〈一番〉を選ぶタイプの質問」を、これまでに何度も投げかけられてきています。友達、家族、教師をはじめ、様々な人からです。そう考えると、複数ある中の「一番を考える」ことは、子どもたちにとっては、親しみのある思考方法であると言えます。私たち大人だって、複数のものが提示されたときには、自然と、「この中で一番は…？」と考えてしまうものです。

　「読むこと」の授業でも、「一番を考える」活動を取り入れることはとても有効です。特に、文章の内容理解を促す（書かれていることをより確かに理解する）上で効力を発揮します。

　例えば、物語の授業で、提示された四つの場面の中で、「主人公が一番嬉しかったのは？」を考えるとします。自分の考えを決めるためには、選択肢である四つの場面を丁寧に読み、比べ、吟味する必要があります。その過程で、自然と内容理解が促されるのです。

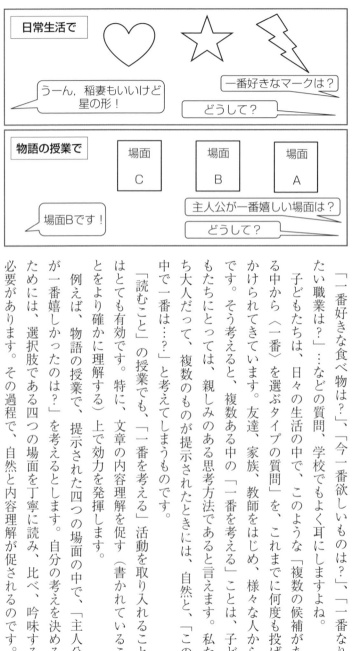

一番すがたを変えた大豆食品は？
（光村3年下「すがたをかえる大豆」）

豆腐です！
色が薄い茶色から，白に変わっています。

いやいや，きなこです。
粉にひいて，粉々になっています。

私も，豆腐です。
「大切なえいようだけを取り出して」と書いてあるし，大豆は絞られて「しる」になっています。

やっぱりしょう油です！
丸い大豆が，さらさらに，水っぽくなっています。

みそでしょ～！
あんなにグチャグチャになっているんですよ？

形はあまり変わってないけれど，納豆も姿は変わってない？
ナットウキンでねばねばだもん。

①教材研究のポイント

・文学でも説明文でも、まずは**その教材の中に「複数あるもの」**を考えます。複数ある可能性があるのは、文学は**「登場人物」・「出来事」・「（同じ内容の）会話文」・「挿絵」**など、説明文は**「事例」・「実験・観察」・「筆者の考え」・「図や写真」**などです。

・次に、「一番○○なのは？」の○○の部分、つまり**「観点の設定」**です。**指導のねらい**に合わせて設定します。例えば、文学で「心情把握」がねらいであれば、心情に関わる言葉（嬉しい、悲しい、悔しい、残念など）が○○の中に入ります。

②授業づくりのポイント

・最大のポイントは、ネームプレートや挙手などで、子どもたちの意見の**「ずれを表面化」**することです。観点の設定とも関わりますが、全員が同じものを選んだら、話し合う必要がありません。**考えが異なるからこそ、意見を聞いてみたくなり、話し合う必要性が生まれる**のです。他者の考えに学ぶこともできるのです。

・内容理解に終始しないことです。一番を考え、解釈を深めた上で、本時では**「どんな力（読み方）を身に付けたか」**が大切です。

③「一番を考える」が使えるのは、こんなタイプの教材です！【説明文教材の場合】

タイプA　複数の事例を紹介している教材

説明文教材には、複数の事例を挙げて説明を行っているものが数多くあります。

例えば、「こまを楽しむ」（光村3年上）では、「色がわりごま」、「鳴りごま」、「さか立ちごま」、「たたきごま」、「曲ごま」、「ずぐり」の六つのこまが事例です。

こまを楽しむ（光村3年上）

一番楽しそうなこまは？

他のタイプAの教材

- 海のかくれんぼ
- おにごっこ
- すがたをかえる大豆

…など

タイプB　複数の写真や挿絵、図表のある教材

複数の写真や挿絵が使用されている説明文教材は少なくありません。近年は国際学力調査の影響から、写真や図表などの非連続型テキストを活用する力の育成も意図されています。

例えば、「天気を予想する」（光村5年）では、図表や写真を見ることを促しながら説明がされています。

天気を予想する（光村5年）

一番重要な写真は？

他のタイプBの教材

- たんぽぽのちえ
- ウナギのなぞを追って
- 『鳥獣戯画』を読む

…など

④「一番を考える」が使えるのは、こんなタイプの教材です！【文学教材の場合】

タイプ① 出来事の繰り返しがある教材

数日間、数年間に渡って作品が展開され、同様の場面や出来事の繰り返しがある教材です。

例えば、「大造じいさんとガン」（光村５年）では、大造じいさんが残雪にひとあわふかせようと用意した「作戦」の様子が三年分描かれています。

大造じいさんとガン（光村5年）

準備が一番大変だった作戦は？

- 作戦① ウナギ作戦
- 作戦② タニシ作戦
- 作戦③ おとり作戦

他のタイプ①の教材

- おおきなかぶ
- ごんぎつね
- カレーライス

…など

タイプ② 複数の変化のきっかけがある教材

中心人物の変化のきっかけとなる出来事や場面などが、複数ある教材があります。

例えば、「海の命」（光村６年）では、中心人物の太一の変化には、「おとう」、「与吉じいさ」、「母」の三人の言葉が関係していると考えられます。

海の命（光村6年）

太一に一番影響を与えたのは誰の言葉？

- おとう
- 与吉じいさ
- 母

他のタイプ②の教材

- スーホの白い馬
- 一つの花
- わらぐつの中の神様

…など

方法2

比べて考える

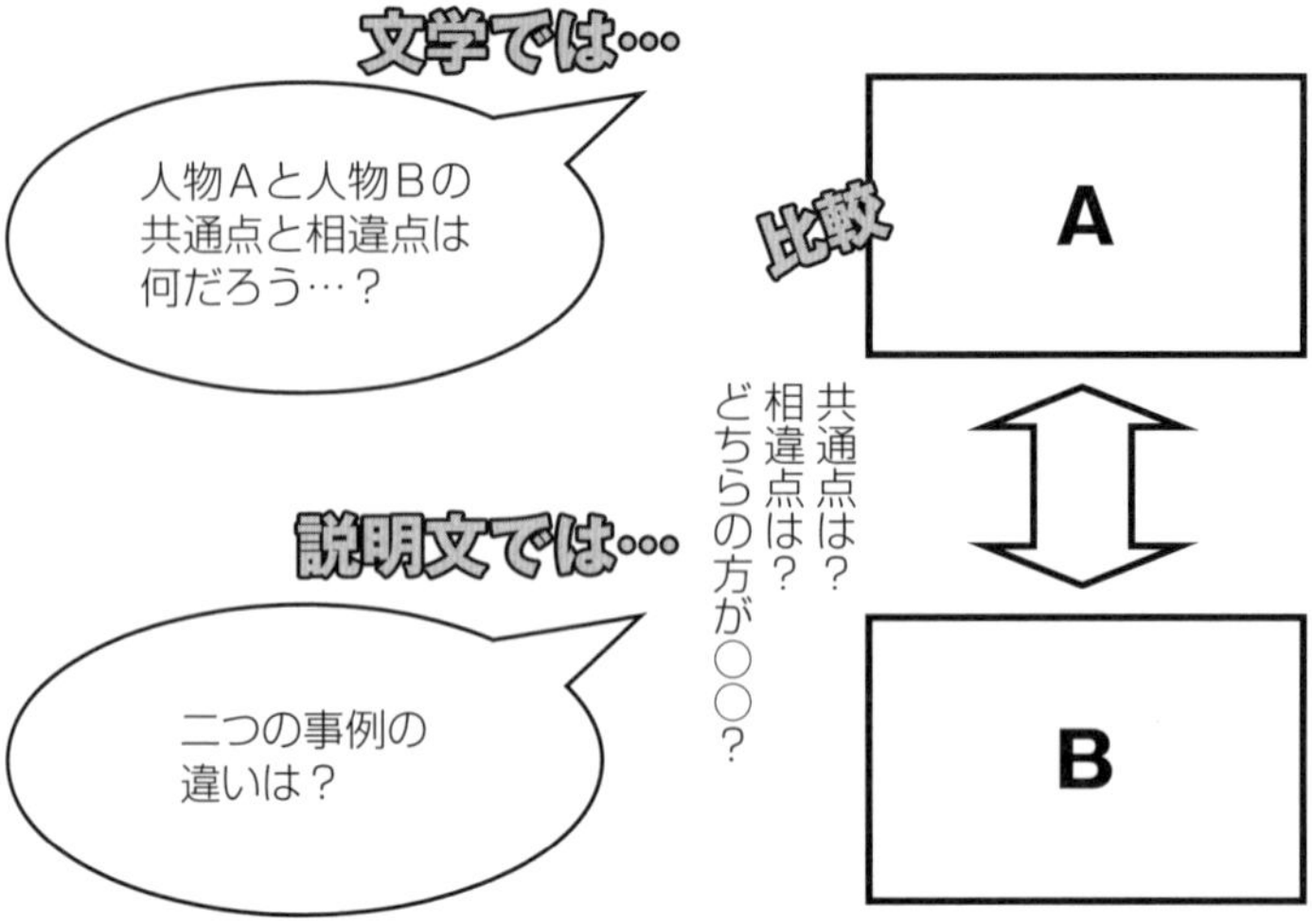

比較

違いは？

ある一人の画家が描いた、構図や内容が全く同じAとBの絵があるとします。二つの絵を比べて見たとき、きっとあなたは、「どこかに違うところはないだろうか…」と考えるはずです。

私たちは、似たような二つのものが目の前にあるとき、二つを比べて、どのような違い（や共通点）があるかを見出そうとします。また仮に、「AとB、どちらの方が好きか？」と問われれば、見出した違いをもとに、自分なりの考えをもって判断をします。

読むことの授業においても、「比べて考える」ことを学習課題に取り入れると、文学においては場面と場面や人物同士の関係など、説明文では、事例や段落相互の関係などに気付かせることができます。

例えば、事例がいくつも紹介されている説明文で、最初の事例と二つ目の事例を取り上げ、「二つの事例の違うところは？」と問うとします。違いを見つけるためには、二つの事例の説明の細部まで目を配る必要があり、内容理解が促されます。さらに、事例の違いを整理することで、事例相互の関係にまで気付かせることができます。

共通点は？
相違点は？

文学では…
人物Aと人物Bの
共通点と相違点は
何だろう…？

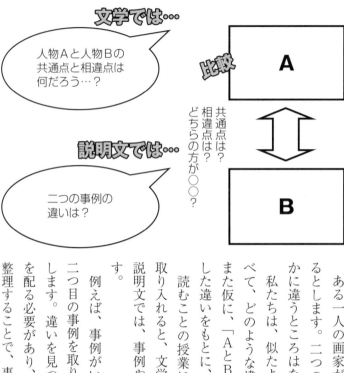

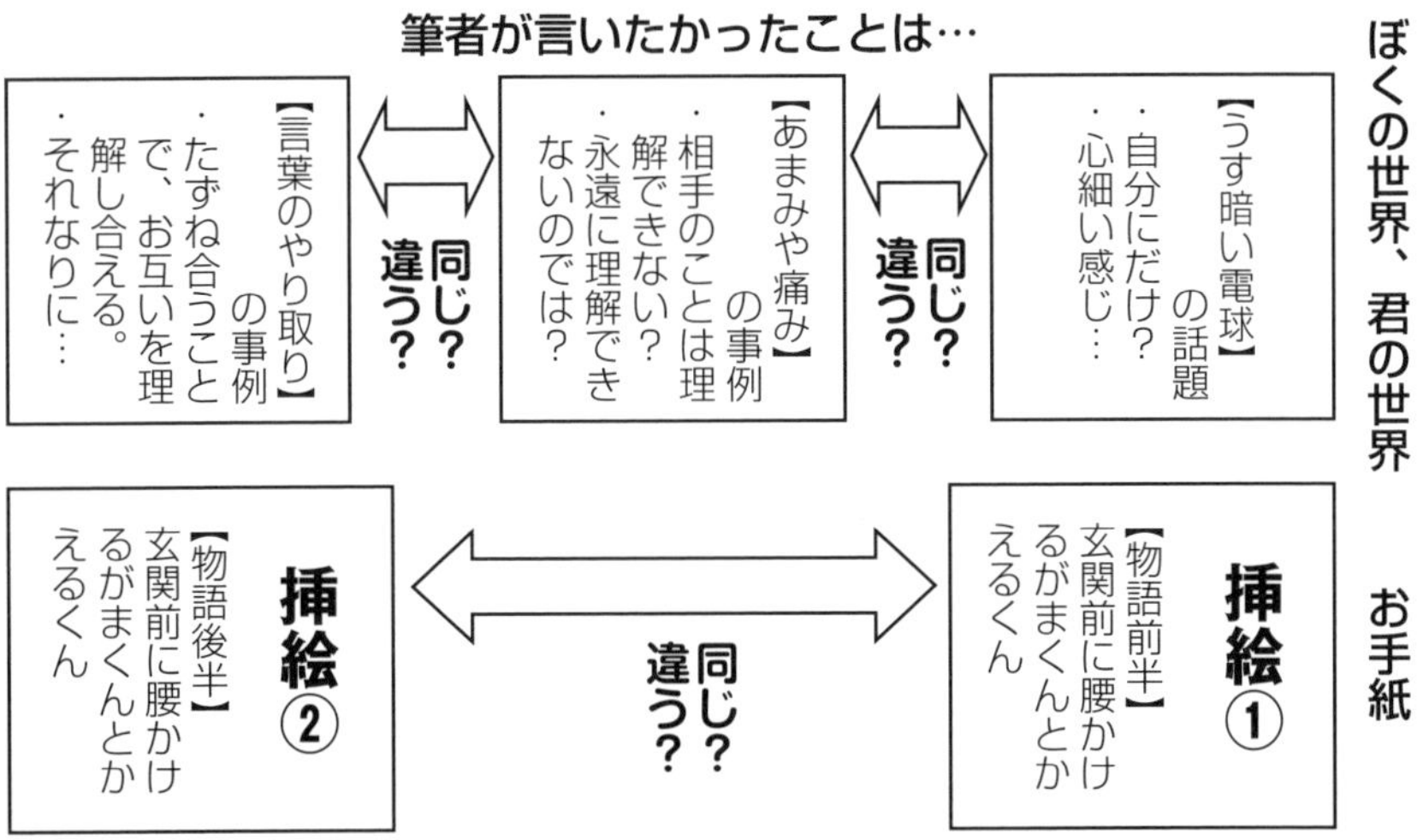
筆者が言いたかったことは…
ぼくの世界、君の世界
【うす暗い電球】の話題
・自分にだけ？
・心細い感じ…
同じ？違う？
【あまみや痛み】の事例
・相手のことは理解できない？
・永遠に理解できないのでは？
同じ？違う？
【言葉のやり取り】の事例
・たずね合うことで、お互いを理解し合える。
・それなりに…
お手紙
挿絵①
【物語前半】玄関前に腰かけるがまくんとかえるくん
同じ？違う？
挿絵②
【物語後半】玄関前に腰かけるがまくんとかえるくん

① 教材研究のポイント

説明文であれば、「具体的な事例が並べられている教材」「筆者の主張がいくつか示されている教材」で用いることができます。文学の場合においては、より汎用性は高く、どんな教材でも用いることができます。物語の〈はじめ〉と〈終わり〉の部分に着目して中心人物の変容を捉えさせたり、同じように使われている挿絵に着目して物語の変化をつかませたりすることができます。**「比較の対象として対置できるもの」**を見出すことがポイントです。

② 授業づくりのポイント

この方法を用いるに当たって最も留意すべき点は、**「比べて考える」活動の先に、どのような展開を用意するのか**という点です。「比べて考える」活動は、思考の活性を促す上では効果的な方法ですが、あくまで読み深めるためのきっかけです。比べること自体を目的に置いてしまうと、表面的に読むことしかできません。

比べて考えた後に、「一番の違いは何か？」「なぜ違うのか？」「なぜ変わっていないところがあるのか？」など、**もう一歩踏み込んで、より深く考える場を設定すること**が重要です。

③「比べて考える」が使えるのは、こんなタイプの教材です！【説明文教材の場合】

タイプC　内容の飛躍や非統一性を感じる教材

　題名と本文や、本論部と結論部とのつながりなどに、一見、飛躍や疑問を感じるような教材があります。

　例えば、「生き物は円柱形」（光村５年）は、題名には「円柱形」という言葉が入っていますが、結論部では「円柱形」よりも、むしろ「多様」がキーワードになっています。

生き物は円柱形（光村５年）

どちらのタイトルの方がよいだろう？

【A】生き物は円柱形（そのまま）
【B】生き物は多様

他のタイプCの教材

- **アップとルーズで伝える**
- **自然に学ぶ暮らし**

…など

タイプD　抽象的な内容や考えを伝える教材

　筆者の主張が強く表れる論説文教材は、内容が抽象的であることが多いです。

　例えば「想像力のスイッチを入れよう」（光村５年）は、情報の裏側まで想像して考えることの大切さを主張している教材です。具体的な事例も紹介されていますが、主張内容や言葉の抽象度が高いことに注意が必要です。

想像力のスイッチを入れよう（光村５年）

「メディア側」の努力

どんな違いがある？

「情報を受け取る側」の努力

他のタイプDの教材

- **時計の時間と心の時間**
- **生き物は円柱形**
- **ぼくの世界、君の世界**

…など

④「比べて考える」が使えるのは、こんなタイプの教材です！【文学教材の場合】

タイプ③ 人物に大きな変化が見られる教材

物語のはじめと終わりで、人物の心情などに大きな変化が見られる教材があります。

例えば、「大造じいさんとガン」（光村５年他）では、大造じいさんの残雪に対する見方や考え方が、「いまいましいただの鳥」から、「ガンの英雄」にまで変化しています。

大造じいさんとガン（光村5年）

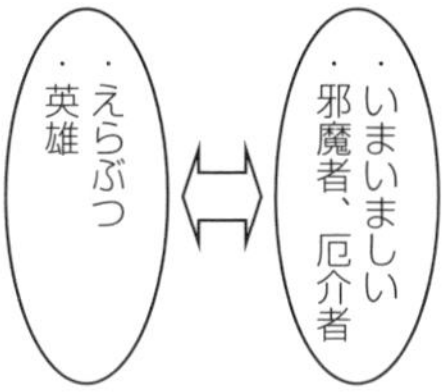

他のタイプ③の教材

- お手紙
- モチモチの木
- 海の命

…など

タイプ④ 時代の変化がある教材

はじめと終わりで、時代設定が異なっている作品があります。特に戦争を題材にした教材に多いタイプです。

「ちいちゃんのかげおくり」（光村３年下）では、作品のほとんどが戦争中の出来事を描いていますが、最後の場面では、平和な世の中の日常が、数行描かれています。

ちいちゃんのかげおくり（光村3年下）

他のタイプ④の教材

- 一つの花
- 海の命

…など

方法3

ランキング付けをする

学級新聞

3年2組のみんなの好きなフルーツランキング	
1位	シャインマスカット
2位	メロン
3位	いちご

12月号
発行者 新聞係

文学の場合

嬉しい場面ランキング	
1位	場面③
2位	場面②
3位	場面⑤

説明文の場合

説得力ある事例ランキング	
1位	事例①
2位	事例③
3位	事例④

テレビや雑誌などで、様々なランキングを目にしますよね。同じカテゴリーの中におけるいくつかのものを順位付けするという行為は、私たちの生活の中にありふれています。「多くの人が支持するものは何か」ということは、私たちの誰もが気になってしまうことなのかもしれません。

子どもたちにとっても、ランキングは非常に魅力的なものです。学級新聞に載せる「〇〇ランキング」づくりに熱中する子どもの姿が思い浮かんだ先生も多いのではないでしょうか。その楽しさはそのままに、「読むこと」の授業に生かすことができるのです。

例えば、複数の登場人物が出てくる物語教材。「〇〇な登場人物ランキング」を考えるとします。順位付けをするためには、人物同士を比較して判断しなければならず、その中で、それぞれの人物像の理解も進みます。複数の事例が列挙されている説明文教材では、「驚いた事例ランキング」を考えるのもよいでしょう。順位付けをしてみることで、〈読者が驚く事例は最後に説明する〉という筆者の説明の工夫に気付くということもあるかもしれません。

「ずぐり」を，雪の上で
回したいな！　楽しそう！

「ずぐり」よりも，
「たたきごま」の方が楽しそうだよ。
だって，ずっと回し続けられるんだ。

Aさんのランキング

楽しそうなこま ランキング	
1位	ずぐり
2位	たたきごま
3位	鳴りごま

⇔ **ずれが話し合いを活性化する**

B君のランキング

楽しそうなこま ランキング	
1位	たたきごま
2位	ずぐり
3位	鳴りごま

① 教材研究のポイント

基本的には、方法①「一番を考える」とポイントは同じです。まずは、教材の中に**「複数あるもの」**を探します。そして、指導のねらいに合わせて観点を設定します。「一番を考える」と少し異なる点は、**「複数あるものにどのような順序性が見出せるか」**ということが、観点を設定する際のヒントになるということです。例えば、説明文の事例が「身近なもの→身近でないもの」という順序になっていると捉えられれば、そのことが見えてくるような観点（見たことあるランキングなど）を設定することが有効です。

② 授業づくりのポイント

・ランキングをすることに必然性をもたせることが大切です。そのために、前時の最後に、簡単に「一番を考える」をやっておくのがおすすめです。「前の時間に、一番はどれかで意見が分かれたよね？」と投げかけた上で、「今日はランキングにして考えてみよう」とすれば、自然に活動に入ることができます。

・「一番を考える」で立場を表明させた上で、その票数をもとにランキングに整理するという活用方法もあります（第３章参照）。

③「ランキング付けをする」が使えるのは、こんなタイプの教材です！【説明文教材の場合】

タイプA　複数の事例を紹介している教材

「じどう車くらべ」（光村1年下）では、「バスやじょうよう車」、「トラック」、「クレーン車」の三つの自動車が事例です。「一番を考える」と同様に、複数の事物を例として紹介している教材で活用することができます。

じどう車くらべ（光村1年下）

すごい自動車ランキング	
1位	クレーン車
2位	トラック
3位	バス・乗用車

他のタイプAの教材

・くちばし
・どうぶつ園のじゅうい
・時計の時間と心の時間
…など

タイプE　実験や観察の過程を紹介している教材

自然事象や日常生活の疑問を、実験や観察を通して解き明かす過程を紹介している説明文教材があります。

例えば、「花を見つける手がかり」（教出4年上）では、三つの実験を通して問題を解明しています。このように、複数の段階に分けて実験や観察を行っている教材ではさらに活用しやすい方法です。

花を見つける手がかり（教出4年上）

重要な実験ランキング	
1位	造花の実験
2位	色紙の実験
3位	花だんの実験

他のタイプEの教材

・ありの行列
・ウナギのなぞを追って
・ヤドカリとイソギンチャク
…など

④「ランキング付けをする」が使えるのは、こんなタイプの教材です！【文学教材の場合】

タイプ① 出来事の繰り返しがある教材

数日間、数年間に渡って作品が展開され、同様の場面や出来事の繰り返しがある教材です。

例えば、「カレーライス」（光村６年）では、中心人物「ひろし」と、「お父さん」とのやり取りが数日間に渡って描かれています。

カレーライス（光村6年）

ひろしが腹が立ったお父さんの言葉ランキング	
1位	もしもうし，ひろしくうん，聞こえてますかあ。
2位	いいかげんにしろ。
3位	でもな，一日三十分の約束を守らなかったのは，もっと悪いよな。

他のタイプ①の教材

- だってだってのおばあさん
- もうすぐ雨に
- やまなし

…など

タイプ⑤ 複数の人物が登場する教材

作品の中心話題や中心人物の変化に関わる登場人物が複数出てくる教材があります。

例えば、「きつねのおきゃくさま」（教出２年上）は、中心人物の「きつね」と、「ひよこ」、「あひる」、「うさぎ」との出会いと別れを描いたお話です。

きつねのおきゃくさま（教出2年上）

勇気がある登場人物ランキング	
1位	ひよこ
2位	きつね
3位	あひる
4位	うさぎ

他のタイプ⑤の教材

- おおきなかぶ
- わすれられないおくりもの
- 海の命

…など

方法4

スケーリングで表す

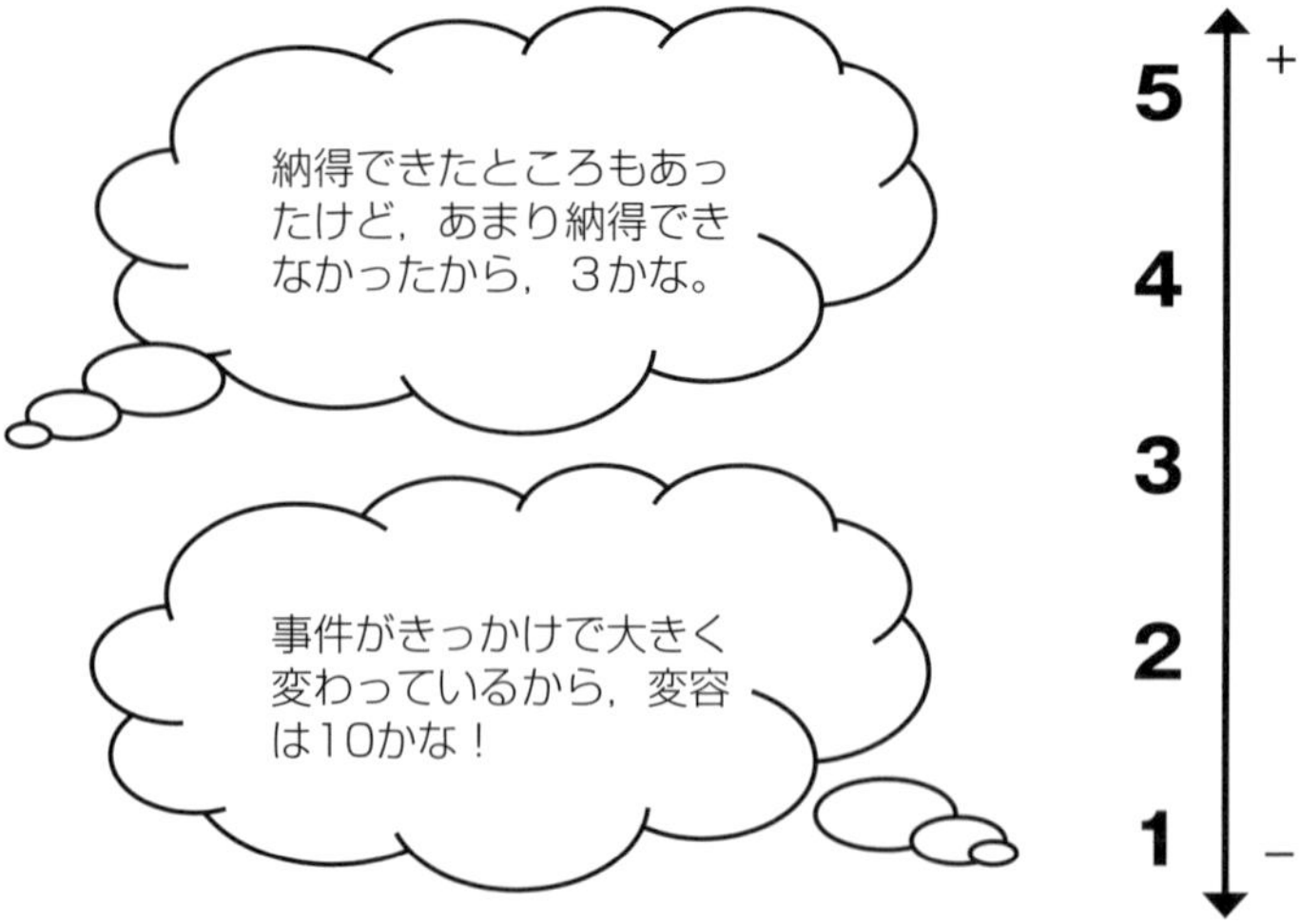

振り返り活動でよく用いられるのが、「数値による評価」です。数値で表すことのよさは、単純明快で分かりやすいことや、同じ尺度であるために比べやすいという点にあります。実はこの「数値化」による振り返りは、ブリーフセラピーという心理学の領域においては、「スケーリング・クエスチョン」という名前で、カウンセリングの技法の一つとして用いられています。

数値による評価、つまり、スケーリングによる評価方法は、「読むこと」の授業においても大きな効力を発揮します。教材に対するちょっとした感じ方の違いは、板書したスケーリングに、ネームプレートを貼ることで「見える化」することができます。また、はっきりしない曖昧で不明瞭な考えや思いも、スケーリングを用いて数値化することで表現できるという場合もあります。

説明文の中でも、筆者の主張が前面に出ている教材で、「筆者の主張に対する納得度」を5段階で表現したり、中心人物の心情が徐々に変化する物語教材で、変化の度合いを10段階の「変容メーター」として表したりするなど、活用の方法は様々です。

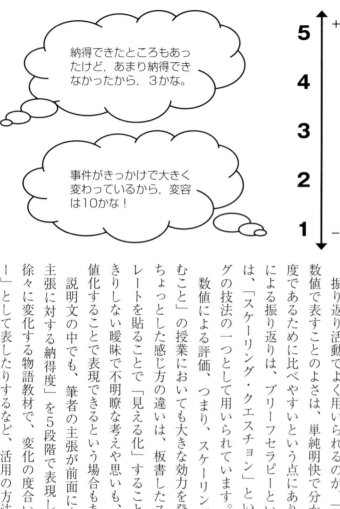

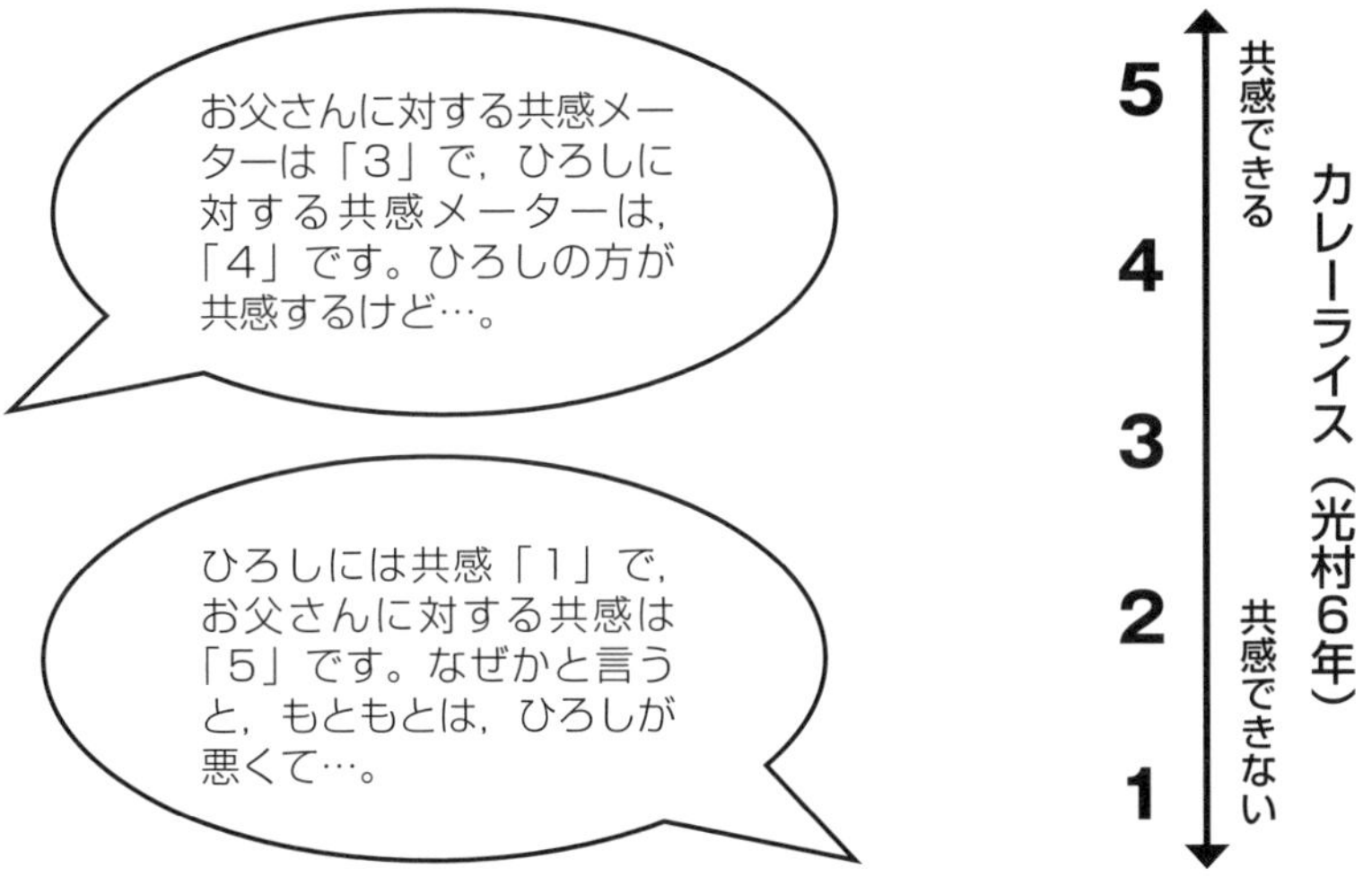
カレーライス（光村6年）
共感できる
5
4
3
2
1
共感できない
お父さんに対する共感メーターは「3」で，ひろしに対する共感メーターは，「4」です。ひろしの方が共感するけど…。
ひろしには共感「1」で，お父さんに対する共感は「5」です。なぜかと言うと，もともとは，ひろしが悪くて…。

①教材研究のポイント

読むことにおける「スケーリング」は、人によって異なってこそ面白い学習にすることができます。皆が同じ意見では、話し合う意味が生まれません。そのため、**まずは考えにずれが出そうな部分を見出す**のがポイントです。

説明文では、一人の読者のつもりで、「筆者の考えに対して納得できるかどうか」や「説明は分かりやすいかどうか」を、考えてみることもよいでしょう。文学であれば、登場人物の行動や心情など、変化の度合いが微妙な部分があれば、要チェックです。

②授業づくりのポイント

・なぜその数値にしたのか、どこからそう考えたのか、**「根拠」や「理由」を明確にできるように**します。感覚的に選べることもスケーリングのよさの一つですが、教材の叙述を根拠として、自分なりの考えをもつことが読むことの授業では大切です。

・黒板には、大きくスケーリングメーターを書きます。さらに、自分の選んだ数値のところにネームプレートを貼らせることで、誰がどの意見なのかが一目で分かるようにします。

③「スケーリングで表す」が使えるのは、こんなタイプの教材です！【説明文教材の場合】

タイプC　内容の飛躍や非統一性を感じる教材

文章の内容に飛躍を感じる教材や、題名と本文とが合っていないように思える教材を指します。例えば、「どちらが生たまごでしょう」（教出3年下）では、前半は題名と一致する内容ですが、後半の内容は「たまごの見分け方」とは異なっています。

どちらが生たまごでしょう（教出3年下）

> 結論部のまとめ方には，ほとんど納得できなかったので，2です。

他のタイプCの教材

- 生き物は円柱形
- 『鳥獣戯画』を読む
- くらしと絵文字

…など

タイプD　抽象的な内容や考えを伝える教材

高学年の説明文教材は、筆者の考えや主張が中心的な内容となることが多く、抽象度が高い場合があります。

「時計の時間と心の時間」（光村6年）はその一例です。そのような教材では、理解度をスケーリングで表現させ、多くの子どもが分からない箇所を確認していくという方法もあります。

時計の時間と心の時間（光村6年）

> この説明文の理解度は，6です。「心の時間」についての例がよく分からなかったからです。

他のタイプDの教材

- 言葉と事実
- 想像力のスイッチを入れよう
- ぼくの世界、君の世界

…など

④「スケーリングで表す」が使えるのは、こんなタイプの教材です！【文学教材の場合】

タイプ② 複数の変化のきっかけがある教材

作品を通して、中心人物の心情が何度か変化したり、徐々に変化したりするような教材があります。

「スーホの白い馬」（光村２年下）では、スーホの心情が作品を通して何度も揺れ動きます。さらに、最後の場面の心情の捉え方は、人によって異なる部分だと考えられます。

スーホの白い馬（光村2年下）

スーホの白馬に対する「愛情メーター」が一番高いのは，白馬が帰ってきたところだと思う。

他のタイプ②の教材

・わらぐつの中の神様
・なまえつけてよ
・一つの花
…など

タイプ⑤ 複数の人物が登場する教材

作品の展開に欠かせない人物が、複数登場する教材があります。

例えば、「お手紙」（光村２年下）では、「がまくん」と「かえるくん」の二人が中心的な人物であり、作品に欠かせない存在です。二人の心情の変化のきっかけの違いが、この作品のポイントにもなっています。

お手紙（光村2年下）

がまくんの幸せメーターは6，かえるくんは4にしました。

がまくんの幸せメーターは8，かえるくんは2にしました！

他のタイプ⑤の教材

・きつねのおきゃくさま
・海の命
・プラタナスの木
…など

方法5

もしも…と想像する

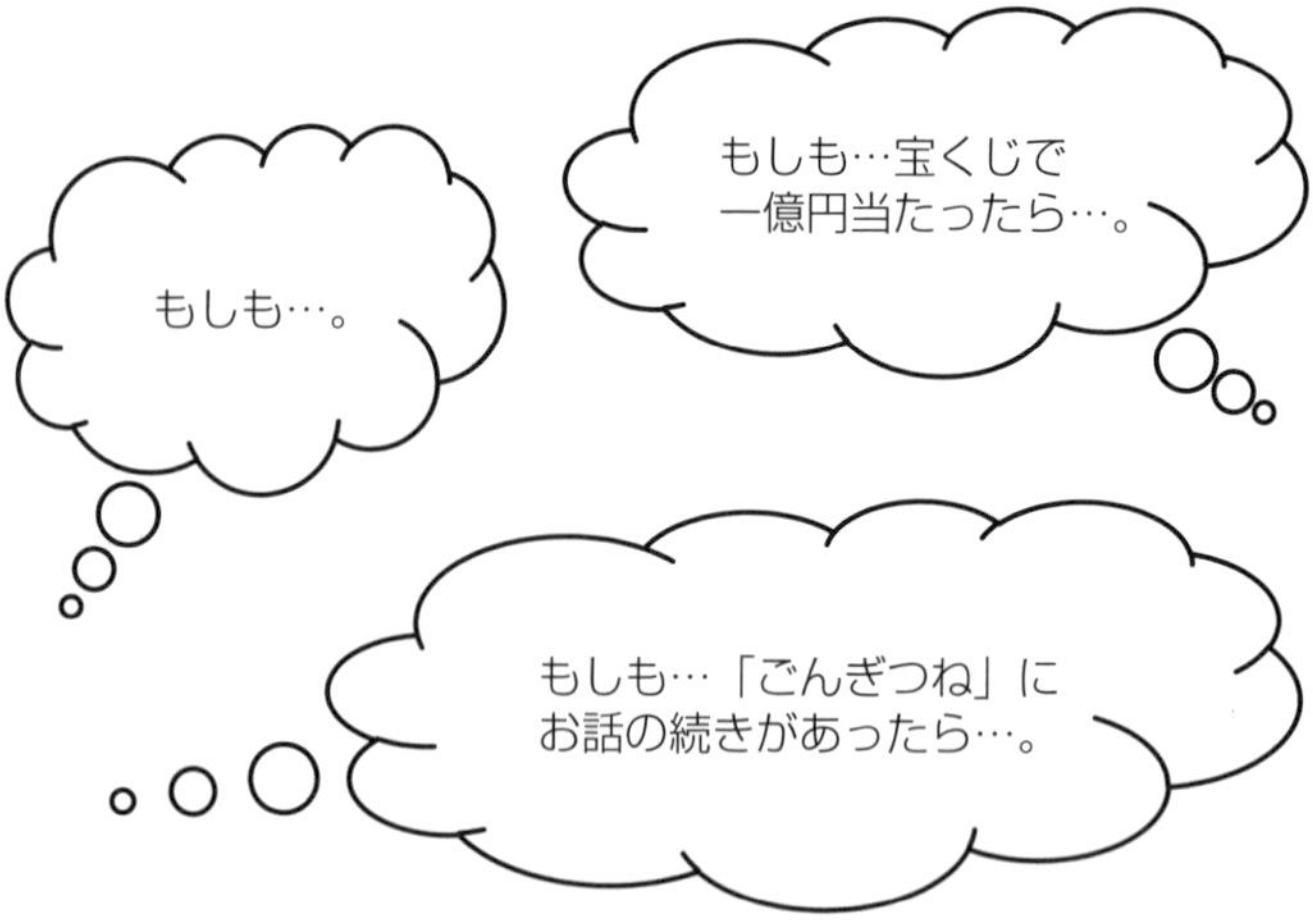
もしも…宝くじで
一億円当たったら…。
もしも…。
もしも…「ごんぎつね」に
お話の続きがあったら…。

「もしも宝くじで一億円当たったら、どうする？」…このような「もしも作文」は、子どもたちが大好きな作文課題の定番です。現実とは異なる「もしも」を考えることは、とても楽しく、想像力をかき立てられることなのです。

「読むこと」の授業も、「もしも…」を取り入れることで、圧倒的に面白くなります。子どもたちにとって、教材に書かれていることはある意味揺るぎないものです。当たり前の不変のものとして存在しています。そこに「もしも…」と、教材の内容と異なることを提示されると、思わず反応してしまうのです。笑ったり、驚いたり、賛同したり、否定したり…反応せずにはいられない、意見を言いたくてたまらなくなるほど、揺さぶられます。

教師にとっても、「もしも…」と考えることは非常に重要です。書かれていることをそのまま受け取るだけでなく、読み取ったことをもとに、自分なりに考えを広げる行為だからです。文学なら作品の構造や登場人物の心情、説明文なら筆者の説明の工夫などについて、表面的ではない解釈をもつことになります。

もしも，⑦段落がなかったら？
（光村４年下「アップとルーズで伝える」）

⑦段落に写真や新聞のことが書かれていますが，⑥段落までにそれらを例にして説明していますか？

あれ？　そういえば，テレビの映像のことだけです。

だとしたら，⑦段落はなしにして，⑧段落の「新聞」という言葉も消した方が，シンプルで分かりやすい説明文になりますね。

先生の発言

いやっ，もしも⑦段落がなかったら…アップとルーズは，新聞でも考えられていることが分かりません！　だから…。

子どもの発言

①教材研究のポイント

「なぜそうなっているのか？」を考えながら教材を読みます。一見理由がはっきりしないことにも、必ず意味があります。そして、そうした場合に、**「もしもこうなっていたら…」と別の場合を考えてみる**と分かることがあります。

例えば、物語で「もしもこの人物が○○していたら…」と考えることで、〈釈然としなかった人物の行動の意図〉が、説明文では「もしも事例の説明の順序が逆順なら…」と考えてみると、〈筆者がどうしてその順序で説明しているか〉が見えてくることがあります。

②授業づくりのポイント

・最も大切なのは、**自然な思考**を促すことです。**いきなり「もしも…」と問うたのでは、何の必然性もありません。**まずは、その部分に**自然と目を向けるようなお膳立て**が必要です。

・指導のねらいに的確に迫っていく手立てとして、特におすすめなのが、**指導したい内容に関わる部分が「もしも…なかったら？」や「違っていたら？」とする課題設定の方法**です。ねらいにダイレクトに迫れるため、話し合いを焦点化することができます。

③「もしも…と想像する」が使えるのは、こんなタイプの教材です！【説明文教材の場合】

タイプA 複数の事例を紹介している教材

例えば、「すがたをかえる大豆」（光村３年下）では、「豆まきにつかう豆」、「に豆」、「きなこ」など、九つの大豆食品が紹介されています。それらの事例の並べ方（説明の順序）や、選び方を考えるのに、とても有効な方法です。

すがたをかえる大豆（光村３年下）

もしも…この食品も事例なら…？

①大豆入りカレー
②テンペ
③SOYJOY

他のタイプAの教材

・じどう車くらべ
・おにごっこ
・こまを楽しむ
…など

タイプC 内容の飛躍や非統一性を感じる教材

結論が飛躍しているように感じたり、題名と内容や段落同士に統一感がないように思える教材があります。

例えば、「動いて、考えて、また動く」（光村４年上）では、本論部が「走ること」を取り上げているため、一見すると題名は「走って、考えて、また走る」の方がよいのではないかと思ってしまいます（実は、一般化しているのです）。

動いて、考えて、また動く（光村４年上）

もしも題名が，「走って，考えて，また走る」なら…？

他のタイプCの教材

・すがたをかえる大豆
・生き物は円柱形
・『鳥獣戯画』を読む
…など

④「もしも…と想像する」が使えるのは、こんなタイプの教材です！【文学教材の場合】

タイプ⑥ 解釈や想像が必要な空所がある教材

文学作品には、人物の内面が十分に語られず、解釈や想像が必要な空所があります。中心人物以外の心情はもちろん、中心人物でも心情が語られていないことがあります。

「ごんぎつね」（光村4年下）では、兵十がごんを撃ったことを、「かわいそうだ」と安易に読みがちです。しかし、「もしも…自分が兵十なら…」と考えると、兵十の思いも見えてきます。

ごんぎつね（光村4年下）

もしも…自分が兵十なら…

A 撃つ

B 撃たない

他のタイプ⑥の教材

- 白いぼうし
- わらぐつの中の神様
- カレーライス

…など

タイプ⑦ 続き話が想像できる教材

お話にまだ続きがあるように感じたり、続きが思い浮かぶような終わり方になっている文学教材があります。

例えば、「一つの花」（光村4年上）の最後は、成長したゆみ子が「小さなお母さんになって、お昼を作る日です。」となっています。彼女がどんなふうに育っていて、この日この後どう過ごすのか、想像が膨らむ終わり方です。

一つの花（光村4年上）

もしも…お話に続きがあったら…

他のタイプ⑦の教材

- 三年とうげ
- 初雪のふる日
- わらぐつの中の神様

…など

方法6 暗黙知を使う

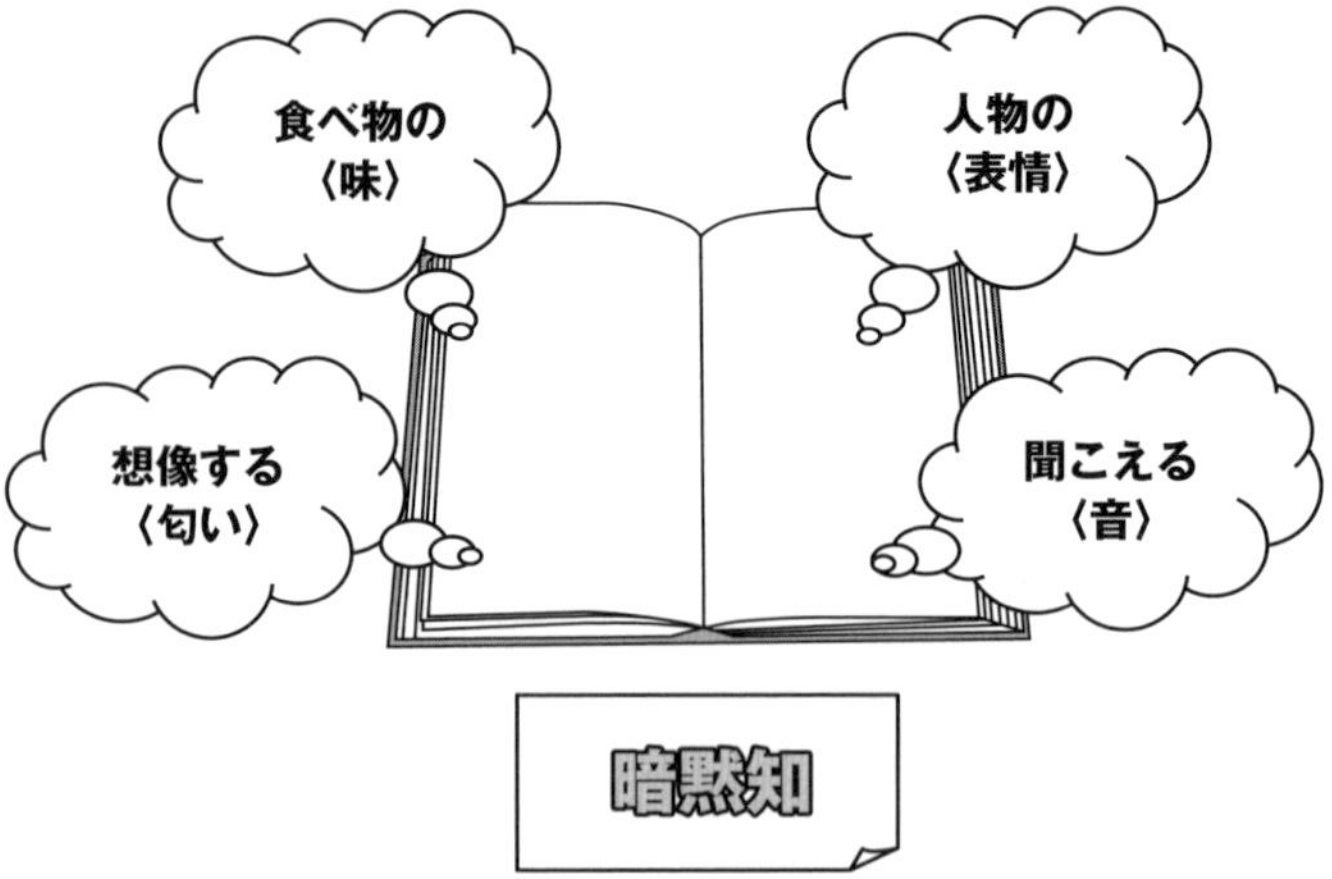

直接書かれてはいないが，叙述から想像できる情報

小説を読み進める中で、頭の中に情景が浮かんできたり、登場人物の表情が思い浮かんできたり、音が聞こえてくるような気がするという感覚を多くの人が経験したことがあるでしょう。挿絵がなくてもイメージすることができるのは、叙述から想像することができるからです。実は私たちは、言葉ではうまく言い表せない知識として、誰もが潜在的な知識をもっています。そのような明示的に表わせる知識（形式知）の裏側に存在する知識のことを、「暗黙知」と言います。この「暗黙知」を、読むことの授業に援用することによって、文章に書かれていること以上のイメージをもたせることができます。（木村勝博（二〇〇三）を参照してください。）

文学では、登場人物の心を〈色〉で表すことで、明るい色の中に少し暗い色が混ざっている等、微妙な心情を表現することができます。場面から想像される〈音〉を考えることで、情景を捉えることもできます。説明文では、既有知識として自分の中に存在する〈言語感覚〉を、筆者の〈言語感覚〉と比べながら、「この言葉はしっくりくるか？」と考えることなどができます。

大造じいさんとガン（光村5年）

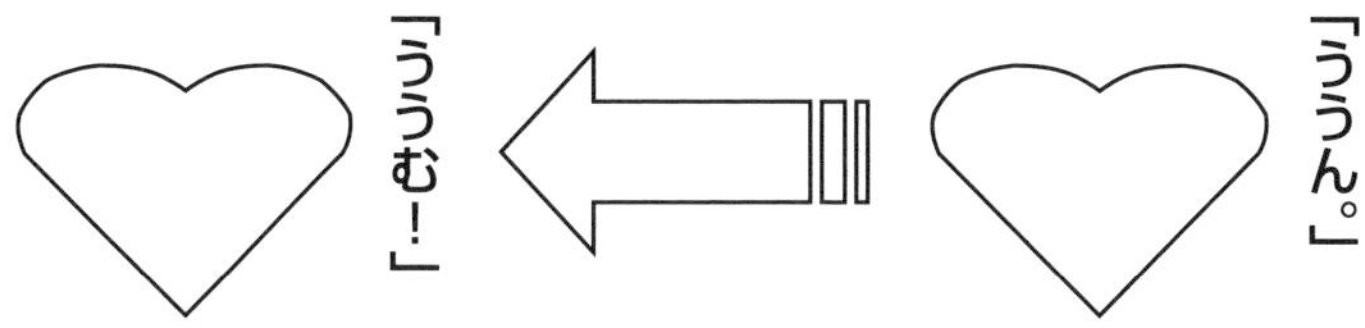

心の色にはどのような違いがあるのだろう？

最初の「ううん。」は，青だと思う。「残雪にやられた！」という，がっかりな気持ちが大きいから…。「じっと見つめたまま」とも書いてあるから。

二回目の「ううむ！」は，青と黄色だと思う。「思わず，感嘆の声を…」と書いてあるから，残雪のことを「すごいな！」と少し思っているのでは…？

① 教材研究のポイント

「暗黙知」は、特に文学教材で活用できます。着目したいのは、**中心人物の行動**です。その行動をとったときの表情や心の色、聞こえた音、見えたものなど、書かれてはいないけれど、想像できることはないかと考えます。それを考えることで、そのときの人物の心情をより効果的に考えられるならば発問として採用となります。

説明文では、「別の言葉に置き換えた方がよいのでは？」「その言葉を使ってもよいのだろうか？」というように、**自分がもっている言語感覚とのずれがあるような箇所を見つけ出すこと**がポイントです。

② 授業づくりのポイント

まずは自分なりの考えをもたせることが大切です。そのために、ワークシートやノートに考えを書かせた上で、交流を行うようにします。考えを書かずに交流すると、ありきたりな意見や一般的な解釈の出し合いに終始してしまう場合があります。子どもそれぞれの微妙な感じ方の違いや、個性的な意見を引き出すことで、いろんな見方を共有することができます。

③「暗黙知を使う」が使えるのは、こんなタイプの教材です！【説明文教材の場合】

タイプC　内容の飛躍や非統一性を感じる教材

文章中で用いられている言葉に対して、違和感を覚える教材があります。その言葉に対する読み手の感覚と筆者の感覚が異なる場合です。「くらしと絵文字」（教出３年下）もそのうちの一つです。迷子の絵文字に対する筆者の言葉の適切さが問題となります。

くらしと絵文字（教出3年下）

第⑧段落に書かれている「やさしい心づかい…」という言葉は、適切か？

適切ではないと思う。「やさしい心づかい…」は，言い過ぎじゃないかな。

他のタイプCの教材

・どちらが生たまごでしょう
・森林のはたらきと健康
・『鳥獣戯画』を読む
…など

タイプF　人物が登場する教材

説明文の中には、人物が登場する教材があります。「千年の釘にいどむ」（光村５年）では、釘職人の白鷹さんが、千年前の釘職人にも負けない釘づくりに挑む過程が書かれています。説明文でありながら、人物の発言が引用されている点も特徴的です。

千年の釘にいどむ（光村5年）

白鷹さんの最後の言葉から、その心情を色で表してみよう

他のタイプFの教材

・森へ
・みすゞさがしの旅
・百年後のふるさとを守る
…など

④「暗黙知を使う」が使えるのは、こんなタイプの教材です！【文学教材の場合】

タイプ① 出来事の繰り返しがある教材

ごんぎつね（光村4年下）では、ごんが「つぐない」を何度も繰り返しています。繰り返される「つぐない」の中で、兵十が見たものが何だったのかを探っていくと、「土間にかためて置いてあるくり」など、ごんの兵十に対する思いを汲み取ることができます。

ごんぎつね（光村4年下他）

兵十が見たものは…？

一回目のつぐない

ちらかっている五、六ぴきのいわし

…

六回目のつぐない

ごん

土間にかためて置いてあるくり

他のタイプ①の教材

- おおきなかぶ
- カレーライス
- 大造じいさんとガン

…など

タイプ⑧ 特徴的な会話文や描写、表現がある教材

「モチモチの木」（光村3年下他）では、豆太が医者様を呼びに山を駆け下りるシーンが印象的です。表戸をふっとばして駆け出した豆太に見えたものは何か、どんな音が聞こえたかを想像することで、書かれていること以上に豆太の気持ちを味わうことができます。

モチモチの木（光村3年下他）

何が見えた？
どんな「音」が聞こえた？

豆太が医者様を呼びに行く挿絵

他のタイプ⑧の教材

- やまなし
- 海の命
- 白いぼうし

…など

方法7

記号で表す

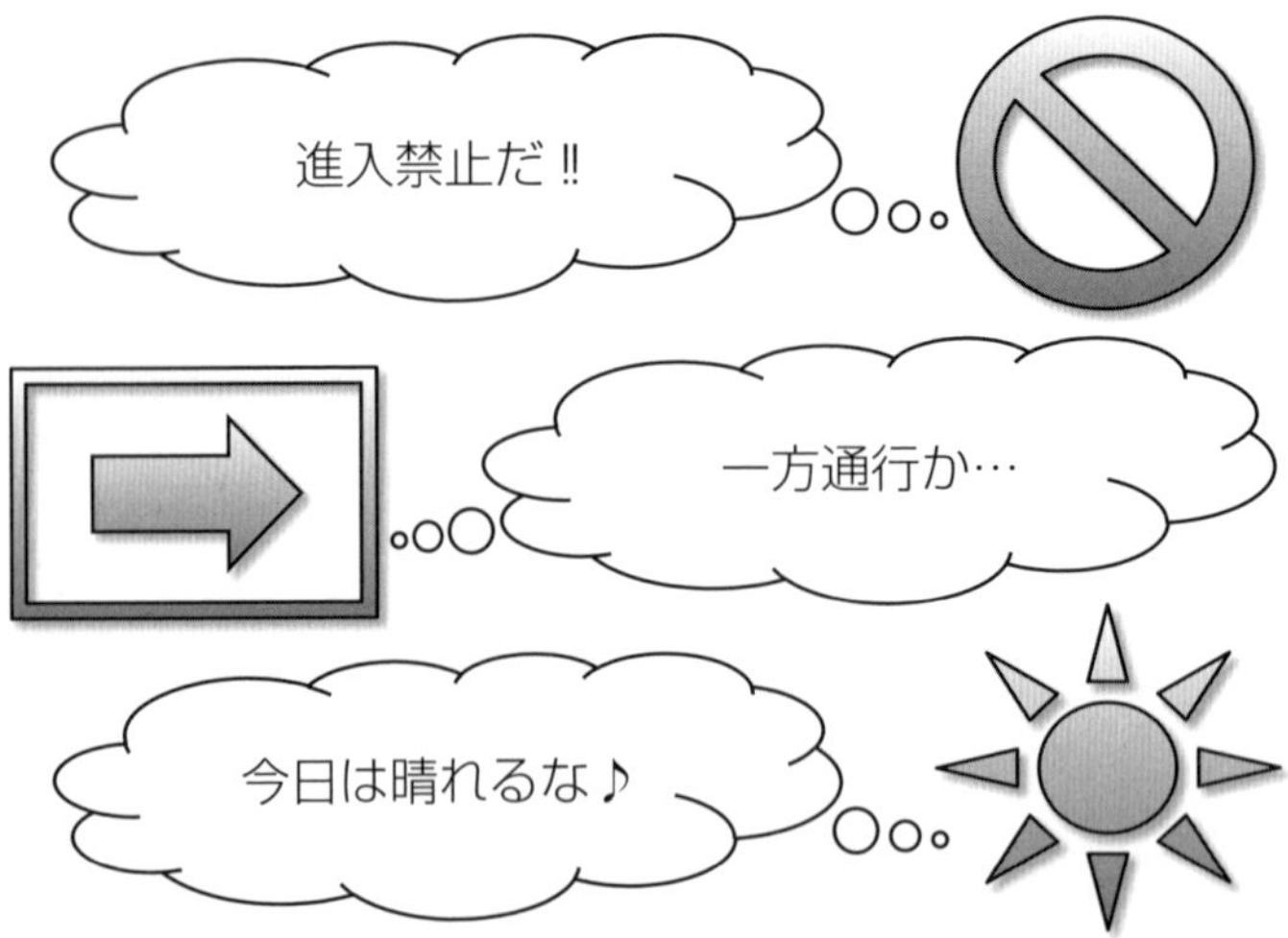

テレビのリモコン、パソコンのキーボード、道路の標識など…私たちの日常には、記号があふれています。記号には、文字や文章に比べてパッと見て意味が分かるよさがあります。記号の一つであるメールの絵文字は、自分の感情を相手に伝えたり、自分の思いや意図を分かりやすく表現することができたりして便利です。

読むことの授業でも、記号を活用することができます。教師の指示や説明、学習課題の提示などは、言葉だけで説明するよりも、記号を使うことによって視覚的に分かりやすくすることができます。また、自分の考えや思いを単純化して、記号で表現するという活動や自分の考えにぴったり合う記号を選ぶという活動もよいですね。

例えば、説明文教材で二つのものが対比的に書かれている場合、どちらについて書かれているかが一目で分かるようにするために記号が使えます。また、物語教材であれば、人物の心情を記号で表すことによって、シンプルに、かつ分かりやすく、心情そのものやその変化を表現することができます。

おおきくなあれ（光村2年上）

どの記号をつけたら、この詩のおもしろさを表すことができるだろう？

あめの　つぶつぶ　！／❤／♪
ブドウに　はいれ　！／❤／♪
ぷるん　ぷるん　ちゅるん　！／❤／♪

・・・・・・・・・・・・・・・・・！／❤／♪
・・・・・・・・・・・・・・・・・！／❤／♪
・・・・・・・・・！／❤／♪
・・・・・・・・・！／❤／♪
・・・・・・・・・・！／❤／♪
・・・・・・・・・・！／❤／♪
・・・・・・・・・・・・・・・！／❤／♪
・・・・・・・・・・・・・・・！／❤／♪
・・・・・・・・・！／❤／♪
・・・・・・・・・！／❤／♪

①教材研究のポイント

文章の構成が複雑な説明文教材は、**記号を使って内容を単純化して整理すること**が教材研究の第一歩です。記号で整理する中で、文章構成の規則性が見えてくることもあり、それがそのまま授業で子どもたちが行う活動になる場合もあります。文学教材では、**人物の表情や感情に関する叙述**があれば要チェックです。また、**人物相互の気持ちのすれ違いや、その反対に分かり合う様子**なども、記号で表現できるポイントであり、教材研究の視点になります。

②授業づくりのポイント

「記号で表す」は、主に二つの活用場面があると思います。一つ目は、**子ども相互の意見の違いを引き出し、交流する中で様々な見方・考え方に気付かせたい場合**です。記号によって考えがシンプルに表現されるので、考えの違いが分かりやすく、自分とは異なる考えをもつ他者（異質な他者）への関心をもたせやすくなります。二つ目は、**長い文章や複雑な構成の文章を、シンプルに把握させたい場合**です。教科書の文章に、記号を書き入れることで、視覚的に構成などを捉えやすくすることができます。

③「記号で表す」が使えるのは、こんなタイプの教材です！【説明文教材の場合】

タイプC　内容の飛躍や非統一性を感じる教材

本論部と結論部で、キーとなる言葉が違っているなど、一見すると、主張が一貫していないように感じる教材があります。

「生き物は円柱形」（光村5年）は、本論部で「生き物の共通性」について述べられている一方で、結論部では「多様性」がキーワードとなっています。

生き物は円柱形（光村5年）

この図は何を表しているでしょう

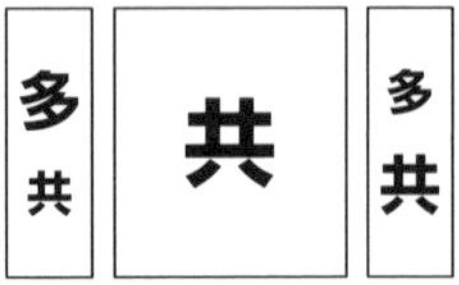

他のタイプCの教材

- 天気を予想する
- 自然に学ぶ暮らし

…など

タイプA　複数の事例を紹介している教材

事例について、複数の観点から説明を行っている教材があります。

「おにごっこ」（光村2年下）は、おにごっこの様々な遊び方について、「おに」と「逃げる人」の双方の目線から紹介されています。

おにごっこ（光村2年下）

段落それぞれの内容を確認して…

①おに目線の内容が書いてあれば「お」
②逃げる人目線の内容が書いてあれば「に」

と記号で表そう！

他のタイプAの教材

- こまを楽しむ
- 自然のかくし絵
- すがたをかえる大豆

…など

④「記号で表す」が使えるのは、こんなタイプの教材です！　【文学教材の場合】

タイプ⑧　特徴的な会話文や描写、表現がある教材

特徴的な行動や会話文がある教材があります。「おおきなかぶ」（光村1年上他）には、「うんとこしょ、どっこいしょ」の会話文、みんなでかぶを引っ張る行動の繰り返しなど、読者がすぐに覚えてしまうような特徴があります。

おおきなかぶ（光村1年上他）

「うんとこしょ、どっこいしょ」というかけ声に絵文字を付けるとしたら、どのかけ声に、どの絵文字を付けるとよいだろう？

・ビックリマーク
・汗マーク
・怒りマーク
などを用意

他のタイプ⑧の教材

・モチモチの木
・スーホの白い馬
…など

タイプ②　複数の変化のきっかけがある教材

登場人物の心情が変化する場面が複数ある教材があります。「お手紙」（光村2年下他）では、「かえるくん」との関わりを通して、「がまくん」の心情が変化します。がまくんが幸せに感じるだろう場面がいくつもあることが特徴です。

お手紙（光村2年下他）

「かえるくん」「がまくん」の気持ちを「顔文字」を使って表そう！

※いろいろなパターンを用意する

他のタイプ②の教材

・なまえつけてよ
・ごんぎつね
…など

方法8 空所を作る

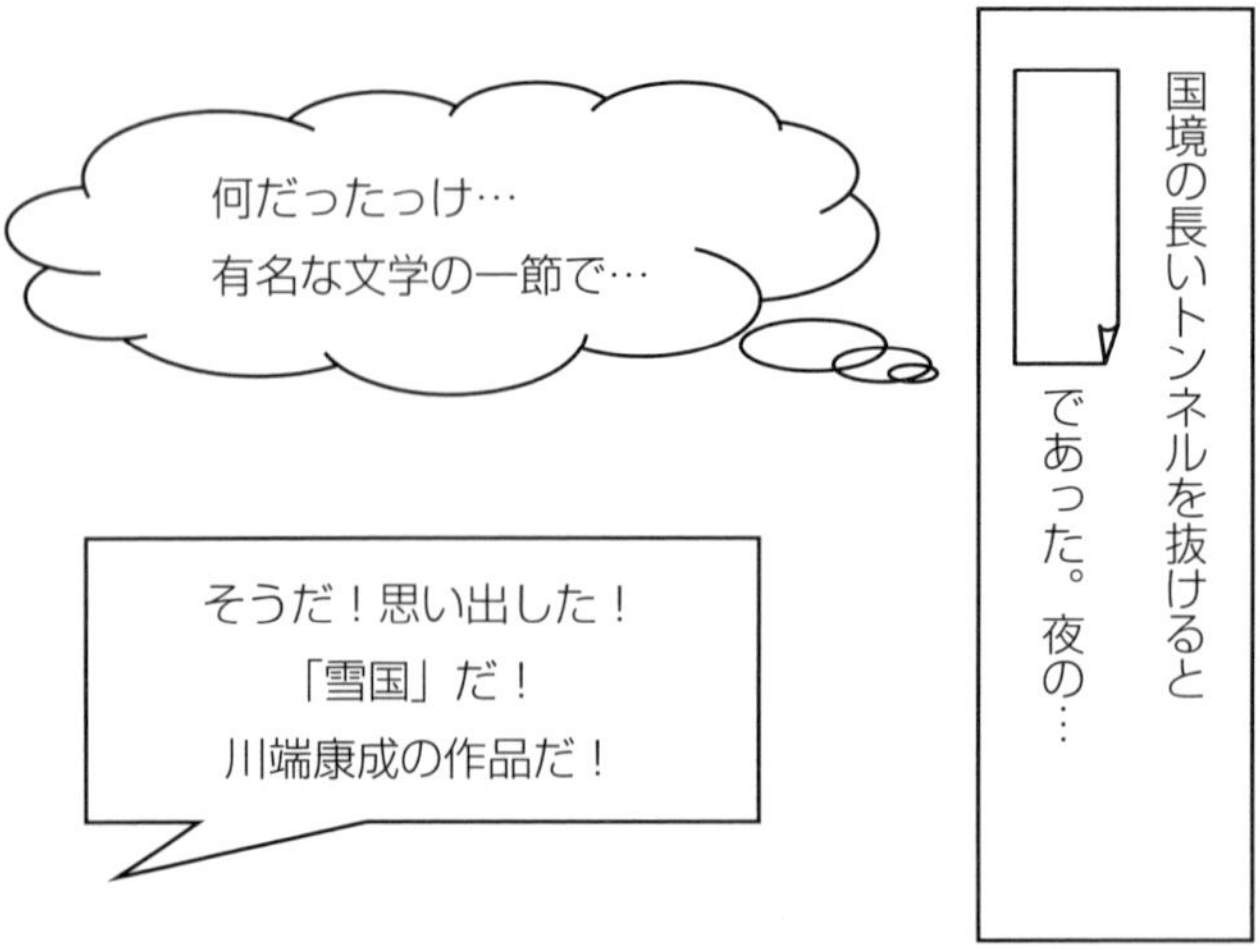
国境の長いトンネルを抜けると
であった。夜の…
何だったっけ…
有名な文学の一節で…
そうだ！思い出した！
「雪国」だ！
川端康成の作品だ！

テレビ番組で、よく目にするフリップのめくり。「隠されている部分に入る言葉は、何だろう…」と、興味を引きつけられます。隠れていること・本来あるべきものがそこにないことを認識したとき、私たちは思考のスイッチが入るのかもしれません。

この「隠されているものに対して関心がわく」という私たちの特性は、読むことの授業を活性化するのに非常に役立ちます。例えば、考えさせたいポイントを隠して、そこに入る言葉を考えさせたり、叙述として書かれていない部分、〈行間〉を「空所」として意識させたりすることで、「何が入るのだろう…?」という思考を自然に起こすことができるからです。

文学には、明確に書かれていない部分である「空所」や「行間」があります。それらをあえて取り上げて意識させることで、「書かれてはいないけれど、きっと…」という文脈を意識した読みを引き出すことができます。説明文では、特徴的な表現や、一見違和感を覚えるような言葉をあらかじめ空所にしておき、どんな言葉が入るか考えさせる活動も大変面白いです。

森へ（光村6年）

目の前の倒木
は、…。
森の□は、
すっかり消えて
いました。…

本文の中で、ここにしか入らない言葉で、筆者が森に対して抱いていた感情とは…？

こわさ

① 教材研究のポイント

文学でも説明文でも、まずは**違和感を覚える表現がないか**を考えながら読みます。仮にそこが空欄部だったとしたら、作者（筆者）と同じ言葉を入れることができるでしょうか。文学教材の中でも、詩教材に、特に意外性のある表現が見つかる場合が多いです。

また、文学作品において、**展開が省略されている部分や、会話文に「―（ダッシュ）」、「…」等がある場合**は、そこを空所として考えてみるのもいいでしょう。

② 授業づくりのポイント

事前に教科書を集めておいて、あらかじめ空所を作っておいた教材文を印刷して配付するなどのひと手間が必要になります。

空所を考えさせる授業で大切なのは、**ただの勘や想像の言い合いに終始しないようにすること**です。それぞれの感性を生かすこともちろん大切ですが、**本文の内容や叙述、または各自の生活経験等と関連付けて、考えられるようにすること**がポイントです。説明文では、本文の中で筆者が用いている特徴的な言葉に着目して推測させ、文学では、物語の文脈を捉えて考えさせることが大切です。

③「空所を作る」が使えるのは、こんなタイプの教材です！【説明文教材の場合】

タイプC　内容の飛躍や非統一性を感じる教材

序論・本論・結論の論理展開や、段落のつながりに妥当性がないと感じる教材があります。

「森林のはたらきと健康」（教出6年上）も、そうした特徴をもった教材の一つです。題名と本文との間に矛盾を感じるところが大きな特徴と言えるでしょう。

森林のはたらきと健康（教出6年上）

（題名は隠しておく）
この説明文は「森林のはたらきと健康」「森林のはたらきとにおい」のどちらだろう？

「におい」について…

他のタイプCの教材

- 生き物は円柱形
- くらしと絵文字

…など

タイプB　複数の写真や挿絵、図表のある教材

本文を連続型テキスト、挿入されている写真や図表を非連続型テキストと言います。この二つが含まれている教材を指します。

「自然に学ぶ暮らし」（光村6年）は、本文の内容を補足するために、写真が盛り込まれています。写真と対応させながら読むことがポイントです。

自然に学ぶ暮らし（光村6年）

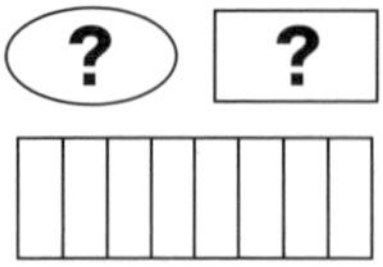

※文章だけのテキストを用意する。

写真はどの段落と対応しているだろう？

他のタイプBの教材

- くらしと絵文字
- 天気を予想する
- 時計の時間と心の時間

…など

④「空所を作る」が使えるのは、こんなタイプの教材です！【文学教材の場合】

タイプ⑥ 解釈や想像が必要な空所がある教材

文学には、叙述だけでなく、行間から想像を膨らませ、自分なりの解釈を加えながら読むことによって、作品を味わうことができる教材があります。「おにたのぼうし」（教出3年下）は、「―（ダッシュ）」「…」といった余韻を残す会話文が多く見られます。

おにたのぼうし（教出3年下）

「おにだっていろいろあるのに。おにだって……。」

「…」には、どんな言葉が入るだろう？

他のタイプ⑥の教材

- 海の命
- わらぐつの中の神様
- 一つの花

…など

タイプ⑧ 特徴的な会話文や描写、表現がある教材

文学教材の中でも、特に詩教材には、特徴的な表現が用いられているものがあります。「せんねん　まんねん」（光村6年）は、題名の「せんねん　まんねん」をはじめ、「はるなつあきふゆ」、「ながいみじかい」などの「ひらがな表現」が特徴的な教材です。

せんねん　まんねん（光村6年）

最後の一行の空欄に入る言葉は？

せんねんまんねん［　　］

A 短い長い
B 長い短い
C 短い永い
D ながいみじかい

他のタイプ⑧の教材

- わたしと小鳥とすずと
- ぼくは川
- ねぎぼうず

…など

方法9 視点を変える

お手紙（光村２年下）

同じ場面の出来事も，視点が変われば捉え方が変わります！

がまくん：お手紙がもらえて，とっても嬉しい！

かえるくん：がまくんが喜んでくれて，とっても嬉しい！

かたつむりくん：二人の友情を深めるのに役立てて，嬉しい！

「相手の気持ちになって考えよう！」…子どもたちによく伝える言葉です。自分としては、悪気のないつもりの言動も、相手の立場に立って考えたとき、傷つけてしまっていたことに気付く…。私たち教師も、日々の教育活動を、子どもの立場に立って振り返ってみることは、子どもとの信頼関係を築く上でとても大切ですよね。

実は、立場を変えて考えるという行為は、「読むこと」における重要な読みの方法の一つでもあるのです。

文学は、常に誰かの視点から語られています。主人公の一人称視点、語り手の視点など様々な場合があり（第1章参照）、そして私たち読み手は、基本的には、語られている視点に寄り添って作品を読みます。つまり、主人公の一人称視点で語られている場合、主人公の見方や考え方に共感的に読み進めるのです。

説明文は、筆者が伝えたい内容を文章化したものです。その説明の主体は筆者であり、筆者の視点から説明が行われています。

文学・説明文、どちらの教材においても、本来の視点とは異なる視点から読むことで、新たなものが見えてくることがあります。

どうぶつの赤ちゃん（光村1年下）

ライオンとしまうまのお母さんが「女子会」をしているよ♪
……何を話しているのかなぁ。

あ，いたたた…
うちの子，まだ自分で歩くことができなくて，私が運んでいるから腰が痛くてね～。

あら，そうなの？
大変ね～。うちの子なんて生まれて30分もたたないうちに立ち上がったのよ～。

ライオンのお母さん

しまうまのお母さん

①教材研究のポイント

・文学においては、まずはどの視点から作品が語られているかを考えます。そしてその上で、**他に作品を語る主体になり得る人物**（作品の内外問わず）をピックアップします。説明文では、**説明対象の事物そのもの**が使えます。また、**説明文中に登場する人物**がいれば、要チェックです。

・どの視点に変えて読むと効果的かを試しながら考えます。効果的というのは、文学作品中の出来事がより多角的に理解できたり、説明文の内容がより実感的に理解できたりすることを指します。

②授業づくりのポイント

既存の視点と異なる視点から考えることは、読んで理解したことをもとに、文章の内容を（異なる視点から）再構成することです。これは、かなり高度なことです。そのため、いきなり子どもたちに「視点を変えて書いてみよう」というのは避け、まずは教師が、「視点を変えてみたんだけど、これどう思う？」と、明らかな誤答を示すのがおすすめです。それを否定した子どもたちに、「それなら、どう書いたらいいと思う？」と投げかけるとよいでしょう。

③「視点を変える」が使えるのは、こんなタイプの教材です！【説明文教材の場合】

タイプG　生き物や具体物を説明する教材

小学校段階の説明文の多くは、生き物や身の回りの物、食品などの具体物を説明対象としています（高学年の説明文では、筆者の考えなど非具体物を扱っているものもあります）。

例えば、「くちばし」（光村1年上）では、三種類の鳥のくちばしを紹介しています。

くちばし（光村1年上）

お気に入りの鳥になりきって，自分のくちばしを自慢しよう！

他のタイプGの教材
- たんぽぽのちえ
- ありの行列
- 『鳥獣戯画』を読む

…など

タイプF　人物が登場する教材

説明文でも、文章中に人物が登場する教材があります。

例えば、「どうぶつ園のじゅうい」（光村2年上）では、筆者である獣医さん以外にも飼育員さんが登場しています。他にも、筆者が取材した人物が出てくる場合などもあります。

どうぶつ園のじゅうい（光村2年上）

飼育員さんの日記を考えてみたよ
どれがぴったり合うかな？

他のタイプFの教材
- ありの行列
- ウナギのなぞを追って
- 千年の釘にいどむ

…など

④「視点を変える」が使えるのは、こんなタイプの教材です！【文学教材の場合】

タイプ⑤　複数の人物が登場する教材

登場人物が複数出てくる教材があります。例えば、「カレーライス」（光村6年）では、視点人物の「ひろし」と、もう一人の中心的な人物である「お父さん」の他にも、端役として「お母さん」が登場します。

カレーライス（光村6年）

どうせすぐ仲直りする

今回はまずいな…

お母さんはどう思っているかな？

他のタイプ⑤の教材

- お手紙
- モチモチの木
- やまなし

…など

タイプ⑨　語り手が寄り添う視点が変化する教材

人物から離れて語っていた語り手が途中からある人物に寄り添って語ったり、語り手が寄り添う人物が途中で変わったりする教材があります。例えば、「ごんぎつね」（光村4年下）では、ごんに寄り添って語っていた語り手が、第6場面の途中で兵十に寄り添うようになります。

ごんぎつね（光村4年下）

撃たれた後のごんの心の中を想像しよう

兵十と仲良くなりたかった…

他のタイプ⑨の教材

- モチモチの木
- 大造じいさんとガン

…など

方法10 イメージ化する

約束の時間を破ったとはいえ、電源のコードをいきなり抜くのはひどいと、お父さんに対して怒っていたひろし。謝りたいと思っていたがなかなか謝れずにいた。しかし、風邪を引いたお父さんのためにカレーを一緒に作ることになり…

図解化すると…

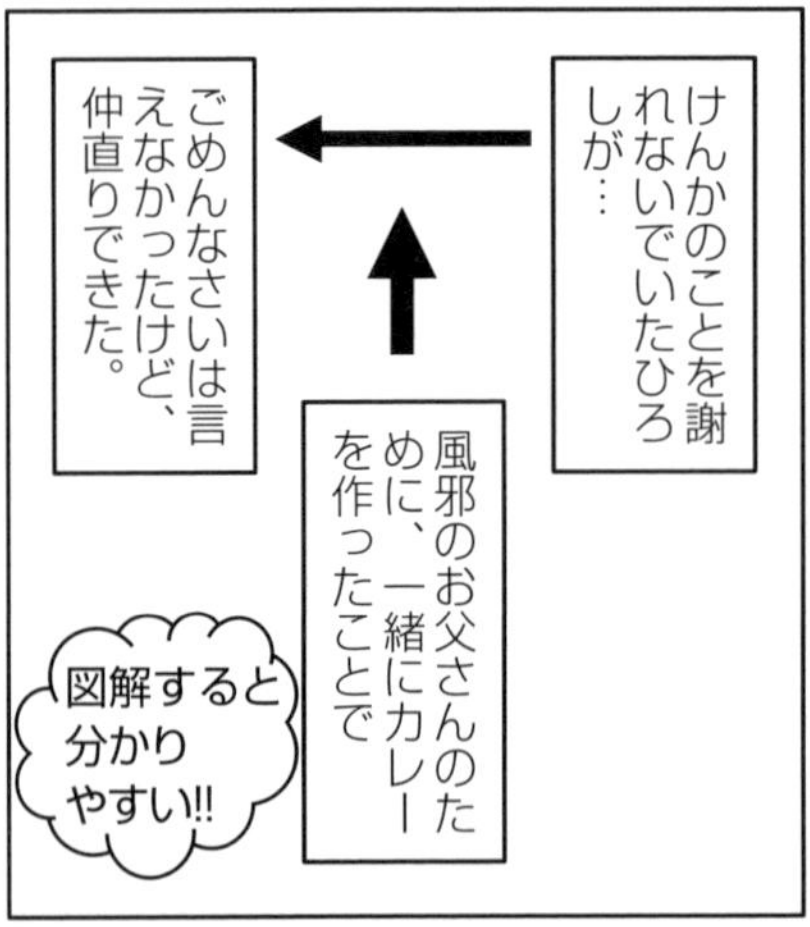
けんかのことを謝れないでいたひろしが…
風邪のお父さんのために、一緒にカレーを作ったことで
ごめんなさいは言えなかったけど、仲直りできた。
図解すると分かりやすい!!

「図や絵にしてみると分かりやすい！」、「抽象的な内容も、具体的な場面に当てはめて考えてみたらよく理解できた！」という経験がありませんか？

小学校の国語教科書における「読むこと」の教材には、多くの場合、挿絵や図表、写真が掲載されています。その理由の一つは、挿絵や図表、写真が、教材の内容を理解する手がかりになるからです。書かれていることをより具体的な形にイメージ化することは、文章を理解する上でもとても役立つのです。

よく分からない部分をイメージ化することはもちろん有効ですが、実は理解できていると思っている部分でも、イメージ化してみると新たな発見があることがあります。教師でさえも、「分かったつもり」になっていることが、よくあるのです。

例えば、文学の授業で、ある場面を簡単な絵に表してみたり、動作化したりするとします。場所の設定、人物の位置関係や細かな動きなど、文章をきちんと読み込まないと意外と悩んでしまいます。

説明文を実感的に理解するためにも、イメージ化は有効です。

たんぽぽのちえ（光村２年上）　〈動作化でイメージする〉

たんぽぽが起き上がるのは，何枚目のカードのときかな…？

たんぽぽになりきって，音読に合わせて動いてみよう！

春になると、黄色いきれいな花がさきます。

二、三日たつと、花はしぼんでくろっぽい色にかわります。

花のじくは、ぐったりとじめんにたおれてしまいます。

花はかれて、わた毛ができます。

わた毛についたたねをふわふわとばすのです。

しめり気の多い日や、雨降りの日には、わた毛はすぼんでしまいます。

① 教材研究のポイント

・**複雑な説明や抽象的な内容、既有知識（子どもが既にもっている知識）のあまりない題材**を扱った説明文教材、子どもが**生活の中であまり経験したことのないような場面や人物の関わり**がある文学教材は、要チェックです。うまく理解できないだろう部分を考えてみます。

・誤って理解しそうな部分があれば、「どのように誤って理解してしまいそうか」を予想し、いくつか列挙してみます。

② 授業づくりのポイント

・子どもたちの**既有知識**とのずれを表面化させたり、子ども相互の**理解度のばらつきを利用**したりすることで、**「何かがおかしい」**という思いを抱かせることが重要です。もっとしっかりと教科書を読んでみようという雰囲気をつくります。

・誤読を生かす場合、**教師があえて誤った読みを提示する方法**が、おすすめです（子どもの誤答を扱う場合は、後で確実にフォローすることが大切ですが、なかなか難しいです）。子どもたちは、教師の誤った読みを否定する中で、ねらいに迫っていきます。

③「イメージ化する」が使えるのは、こんなタイプの教材です！【説明文教材の場合】

タイプD　抽象的な内容や考えを伝える教材

小学校高学年の説明文には、抽象的な概念や数値を説明したり、筆者が考えていることを伝えたりする教材があります。これらは、中学校における論説文教材への橋渡し的な役割を担っています。

例えば、「天気を予想する」（光村５年）では、数値である天気予報の的中率が扱われています。

天気を予想する（光村５年）

的中率８５・６％って、高い？

十日間で、五日に一回くらい外れる…

＊的中率７９・０％より多少よい？

他のタイプDの教材

- 生き物は円柱形
- 想像力のスイッチを入れよう
- 時計の時間と心の時間

…など

タイプH　既有知識の少ない題材の教材

小学校段階の子どもたちが、あまり触れたことのない題材を扱っている教材があります。

例えば、「『鳥獣戯画』を読む」（光村６年）では、多くの子どもたちが見たことがないであろう『鳥獣戯画』、「絵巻物」を扱い、解説しています。

『鳥獣戯画』を読む（光村６年）

筆者の解釈に合わせて，蛙と兎の吹き出しにセリフを入れよう！

他のタイプHの教材

- ウナギのなぞを追って
- 森林のはたらきと健康
- 自然に学ぶ暮らし

…など

④「イメージ化する」が使えるのは、こんなタイプの教材です！【文学教材の場合】

タイプ⑥ 解釈や想像が必要な空所がある教材

語られていない部分があり、想像したり解釈したりして読む必要がある教材があります。例えば、川底が舞台で、かにの兄弟の目線から見た出来事が語られている「やまなし」（光村６年）では、作者による造語が出てきます。

やまなし（光村6年）

クラムボンとは何か？

太陽の光の写真

泡の写真

虫の写真

魚の写真

他のタイプ⑥の教材

- 白いぼうし
- 初雪のふる日
- 三年とうげ

…など

タイプ⑧ 特徴的な会話文や描写、表現がある教材

登場人物の動きや会話文が特徴的な作品や、独特の表現や言い回しが出てくる教材があります。例えば、「モチモチの木」（光村３年下）では、中心人物の「豆太」の特徴的な会話文や動きが目立ちます。

モチモチの木（光村3年下）

◎やってみよう！

どんなふうに言ったのかな？

「やい、木ぃ…」
「じさまぁ。」

どんな動きだったのかな？

表戸を体でふっとばして走りだした。

他のタイプ⑧の教材

- おおきなかぶ
- お手紙
- やまなし

…など

説明文・1年

じどう車くらべ（光村）

教材タイプ：A
方法：一番を考える

①教材の特性

タイプA　複数の事例を紹介している教材

①バスや乗用車、②トラック、③クレーン車という三つの事例が紹介されています。冒頭で提示される二つの問いに答える形で、それぞれの自動車における仕事とつくりが説明されています。

特徴的なのは、全ての事例の説明が「仕事＋二つのつくり」という構成になっている点、「そのために」という因果関係を表す言葉が使われている点です。事例の順序性は、「既知→未知」という小学校の説明文教材ではオーソドックスな順序性だと考えられます。

②学習課題

一番すごいと思った自動車は？

〈図解〉事例の構成と順序性

既知 → 未知

事例①　バスや乗用車の仕事とつくり

事例②　トラックの仕事とつくり

事例③　クレーン車の仕事とつくり

＊三つとも、「仕事＋二つのつくり」という同じ構成で書かれている。

活用する場面と指導のねらい

活用する場面　第二次中盤

指導のねらい　事例の順序性

それぞれの事例の説明内容の理解を促しつつ、その説明の順序性についても考えをもたせる。

③ 板書例

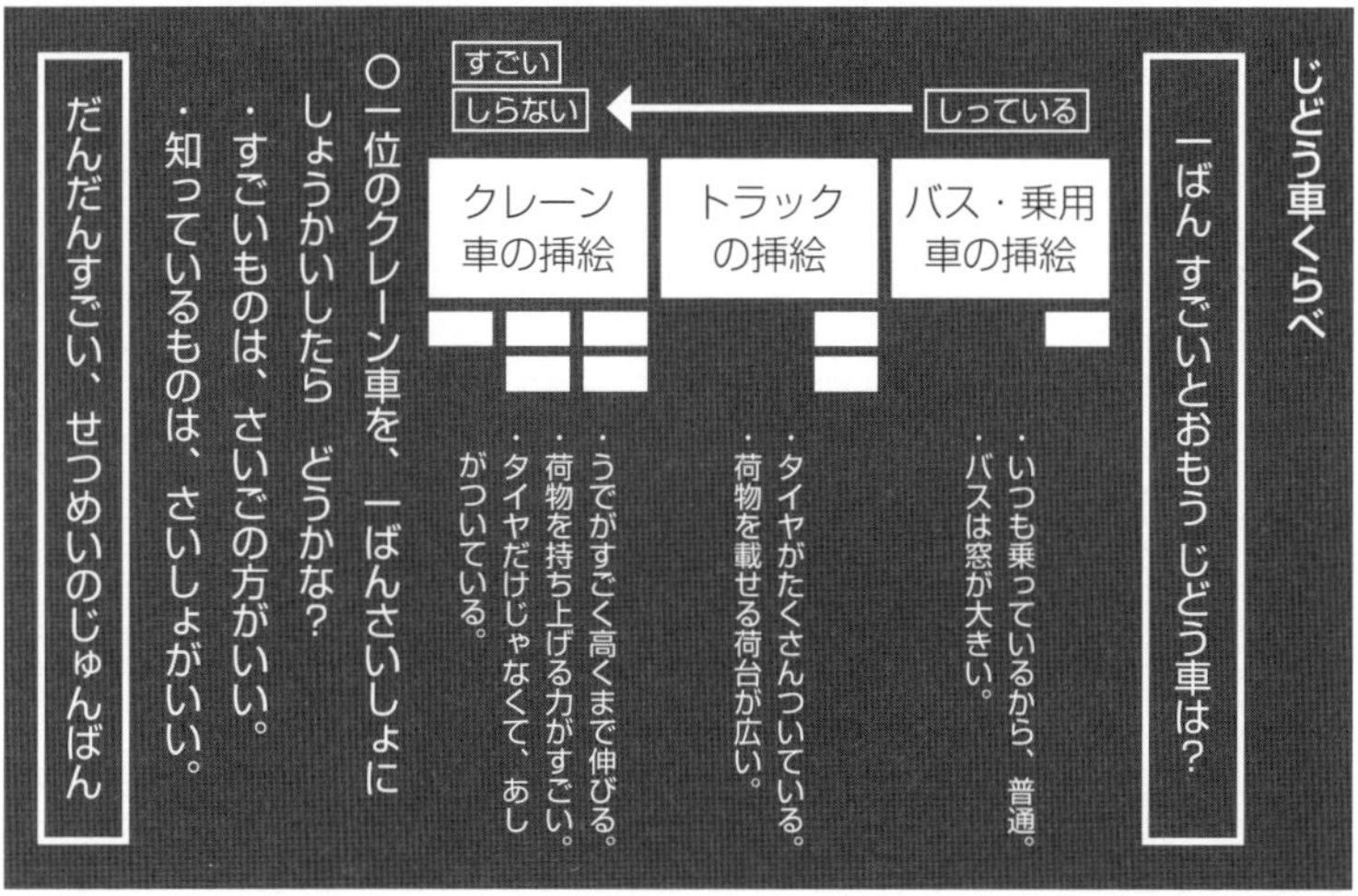
じどう車くらべ
一ばん すごいとおもう じどう車は?
しっている
しらない
すごい
バス・乗用車の挿絵
トラックの挿絵
クレーン車の挿絵
・いつも乗っているから、普通。
・バスは窓が大きい。
・タイヤがたくさんついている。
・荷物を載せる荷台が広い。
・うでがすごく高くまで伸びる。
・荷物を持ち上げる力がすごい。
・タイヤだけじゃなくて、あしがついている。
○一位のクレーン車を、一ばんさいしょにしょうかいしたら どうかな?
・すごいものは、さいごの方がいい。
・知っているものは、さいしょがいい。
だんだんすごい、せつめいのじゅんばん

④ 展開例

❶導入
この説明文では，いろんな自動車が紹介されていたね。トラック，バスや乗用車，クレーン車…。
先生！ちょっと，順番が違います！
バスや乗用車が最初に出てきて，次にトラックで，最後がクレーン車だよ！
❷展開1
紹介されている中で，一番「すごい」と思う自動車はどれですか？マグネットを貼ろう！

それはやっぱりクレーン車です。うでが，すごく高いところまで伸びるんだよ！

私はトラックです。タイヤがたくさんついているからです。
❸展開2
多くの人が選んだ一位はクレーン車だね。一位だから，一番最初に紹介したらどう？

最初にすごいのが来たら，わくわくしなくなっちゃいます。

うーん。みんなが知っている，バスや乗用車が最初の方がいいと思う。
❹まとめ
説明の順番が，だんだんすごいものになっていることが分かりました。筆者は順番を考えているのですね。

知らないことが後で出てくると読むのが楽しみになるね。

読んだ人が，すごいと驚くような順番にしているんだね。

じどう車くらべ

なまえ

◇いちばん　すごいと思う　じどう車は？

（　）バス・じょうよう車
（○）トラック
（　）クレーン車

どうしてかというと
トラックには、タイ
ヤがたくさんついて
いるから、すごいと
思いました。

⑤ワークシートの活用例

❶〈展開1〉で左頁のワークシートを配付します。
❷考えを書く時間を、5分程度とります。（全員書き終わってから、黒板にマグネットを貼りに来させます。）
❸同じものを選んだ人と意見を交換し、ワークシートに、「いいな」と思った友達の意見を書き込みます。
❹全体で交流（できれば、ワークシートは読まないで）をします。

⑥活用のポイント

記入させる前に、次のように伝えます。

☆「どこがすごいと思ったのか、教科書の言葉を使ってワークシートに書けるといいですね。」

子どもたちが書く理由が、これまでの生活で得た知識だけになってしまわないように、教科書の言葉を使うことを意識させます。

じどう車くらべ

なまえ

◇いちばん　すごいと　おもう　じどう車は？

（　　　）バス・じょうよう車

（　　　）トラック

（　　　）クレーン車

どうしてかというと

説明文・1年
どうぶつの赤ちゃん（光村）

教材タイプ：A
方法：もしも…と想像する

①教材の特性

タイプA 複数の事例を紹介している教材

二つの問いに答える形で、動物の赤ちゃんの生まれたばかりの様子と成長の仕方が説明されています。事例は、肉食動物の代表としてのライオン、草食動物の代表としてのしまうまです。

入門期の説明文らしく、同じ観点かつ同じ順序で二つの事例の説明を行っています。そのため、事例同士を比べたり、違いを見つけたりしやすいのが特徴です。赤ちゃんのときは、ライオンの方が弱々しいのに、成体になるとそれが逆転するところにも、この題材の面白さがあります。

②学習課題

この動物の赤ちゃんのことも、説明文に付け足していい？

〈図解〉二つの事例

事例① **ライオンの赤ちゃん**
事例② **しまうまの赤ちゃん**

＊代表的な二種類の動物
＊同じ観点で説明されている
・大きさや目や耳の様子
・お母さんに似ているかどうか
・すぐに歩けるか
・おちちを飲む期間や食べ物

活用する場面と指導のねらい

活用する場面 **第二次後半**
指導のねらい **事例の選択の意図**

事例を付け足してもいいかを話し合うことを通し、筆者が事例を意図的に選んでいることに気付かせる。

③板書例

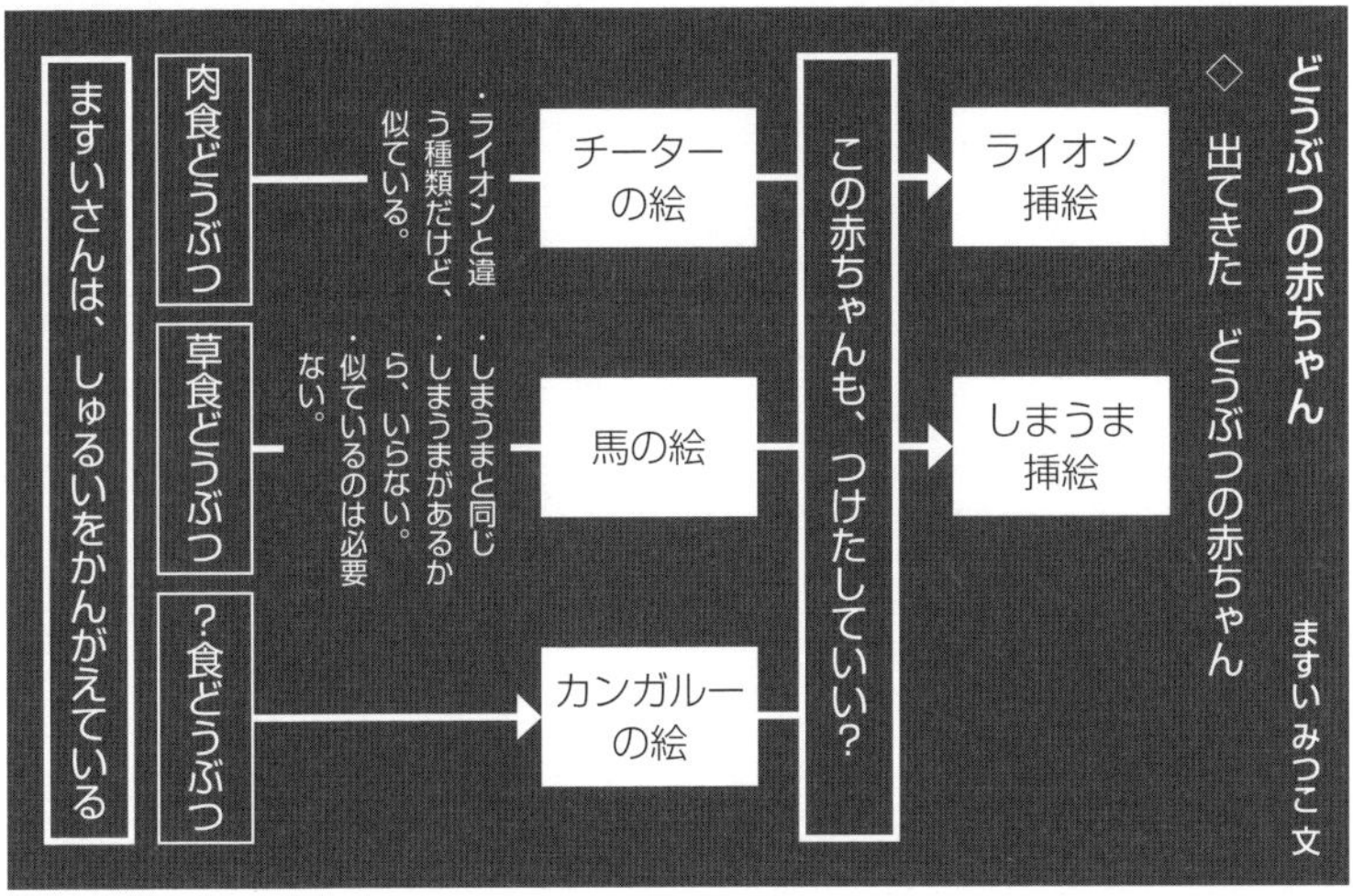
どうぶつの赤ちゃん
◇出てきた　どうぶつの赤ちゃん
ますい みつこ 文
ライオン挿絵
しまうま挿絵
この赤ちゃんも、つけたしていい？
チーターの絵
馬の絵
カンガルーの絵
・ライオンと違う種類だけど、似ている。
・しまうまと同じ
・しまうまがあるから、いらない。
・似ているのは必要ない。
肉食どうぶつ
草食どうぶつ
？食どうぶつ
ますいさんは、しゅるいをかんがえている

④展開例

❶導入
私は誰でしょうをします。今から見せる絵は，どちらの動物の赤ちゃんでしょうか（隠しながら）。質問はありますか？
その赤ちゃんは，生まれてすぐ目は開いていますか？
（開いていないとしたら…ライオンだ。開いていたら，しまうま。）
❷展開1
この動物の赤ちゃんも付け足したらどうかと思うんだけど…？（馬の絵を提示）
えー！　馬？しまうまがあるから，必要ないんじゃないかな。
うーん。馬はしまうまとほとんど同じだと思います。
❸展開2
ほとんど同じ動物は，付け足す必要はないんだね。では，これは違うからいいよね？（チーターの絵を提示）
違うには違うんだけど…。草食と肉食は一つずつでいいんじゃない？
ライオンがあるから，いらないと思います。両方肉食だから，同じです。
❹まとめ
ますいさんは，肉食の代表でライオン，草食の代表でしまうまを選んだのかもしれませんね。では，カンガルーはどうですか？

ますいさんは，きちんと考えて，二つの動物にしたんだね。

カンガルーは，何食動物だろう…。次の時間に，調べてみたい！

どうぶつの赤ちゃん

なまえ

◇つけたしても　いいかな？

（　）いいと　おもう

（○）だめだと　おもう

どうしてかというと、
しまうまの赤ちゃん
が出てくるから、に
ているのは、いらな
いとおもうからです。

⑤ワークシートの活用例

❶〈展開1または2〉で左頁のワークシートを配付します。

❷考えを書く時間を、5分程度とります。

❸教室を自由に歩き、三人の友達とワークシートを見せながら意見を交換したら座ります。

❹全体で交流（できれば、ワークシートは読まないで）をします。

⑥活用のポイント

提示した時点で、付け足しは不要という雰囲気が広がることが予想されますが、その理由が考えられない子どもがいると考えられます。手がかりを示すため、子どもたちの様子を見ながら、次のように伝えます。

☆「教科書には、しまうま（ライオン）が出てきますね。しまうま（ライオン）も、馬（チーター）も、両方必要でしょうか…。」

どうぶつの赤ちゃん

なまえ

◇つけたしても　いいかな？

（　　　　）いいと　おもう

（　　　　）だめだと　おもう

ど	う	し	て	か	と	い	う	と、

説明文・2年

たんぽぽのちえ（光村）

教材タイプ：A
方法：スケーリングで表す

①教材の特性

タイプA 複数の事例を紹介している教材

花を咲かせたたんぽぽが、その後、綿毛を飛ばして仲間を増やすために、どのような「ちえ」を発揮しているのかが、時間的な順序で説明されています。「じどう車くらべ」のような事例列挙型の説明文ではありませんが、紹介されている一つ一つの「ちえ」を事例と捉えれば、複数の事例が紹介されていると考えることもできます。

また、「たんぽぽが○○をする」のように、たんぽぽが意思をもつような表現、擬人的表現も、書かれ方の大きな特徴です。

②学習課題

たんぽぽのちえを「すごいメーター」を使って表そう！

〈図解〉たんぽぽの「知恵」

二、三日…**花がしぼんで倒れる**
↓ 知恵① 栄養を送っている
やがて……**花が枯れ、綿毛ができる**
↓ 知恵② 種をふわふわ飛ばす
このごろ…**ぐんぐん伸びる**
↓ 知恵③ 遠くまで飛ばせる
でも……**湿り気が多い・雨の場合**
↓ 知恵④ 綿毛がすぼむ

活用する場面と指導のねらい

活用する場面 第二次前半
指導のねらい 説明の順序

それぞれの「ちえ」に対する感じ方を表現することで内容理解を促しつつ、説明の順序にも目を向けさせる。

③ 板書例

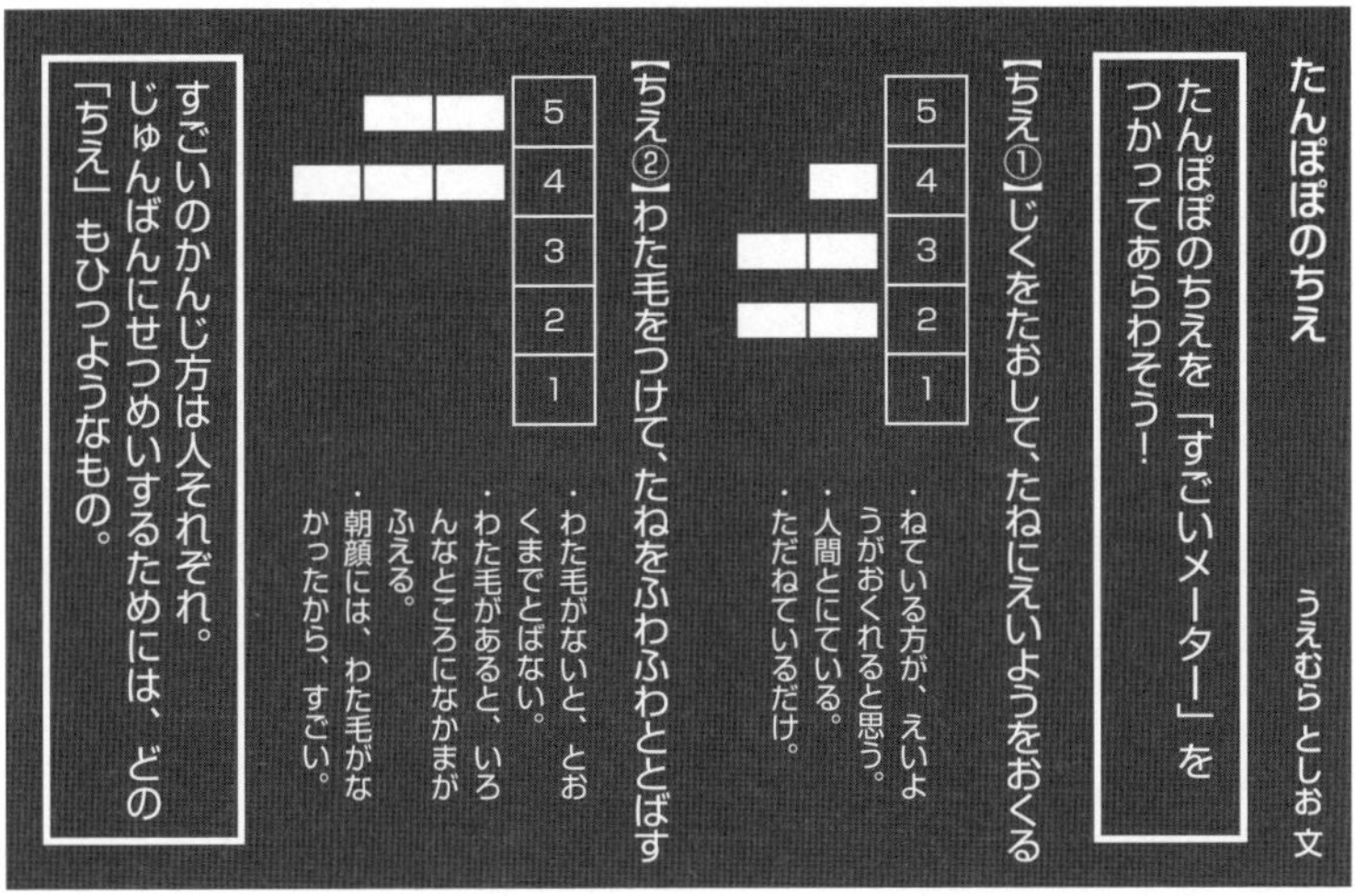
たんぽぽのちえ
うえむら としお 文
たんぽぽのちえを「すごいメーター」をつかってあらわそう！
【ちえ①】じくをたおして、たねにえいようをおくる
5 4 3 2 1
・ねている方が、えいようがおくれると思う。
・人間とにている。
・ただねているだけ。
【ちえ②】わた毛をつけて、たねをふわふわととばす
5 4 3 2 1
・わた毛がないと、とおくまでとばない。
・わた毛があると、いろんなところになかまがふえる。
・朝顔には、わた毛がなかったから、すごい。
すごいのかんじ方は人それぞれ。じゅんばんにせつめいするためには、どの「ちえ」もひつようなもの。

④ 展開例

❶ 導入
一つ目と二つ目のたんぽぽの「ちえ」，覚えていますか？
一つ目は「じくをたおす」ちえです！
二つ目は，種に「わた毛」をつけるちえです！
❷ 展開1
ねぇねぇ…，一つ目の「ちえ」って，どれくらいすごいと思う？「すごいメーター」を使って表そう！

ぼくは，３です！倒れて栄養を送るなんて，人間みたい。

私は，２です。ただ倒れただけだから，あんまりすごくないかな。
❸ 展開2
二つ目に比べて，一つ目のちえは，すごいという人が少ないので，②と③段落は，なくしてもいいですか？

いやっ，なくしちゃだめです。たねを太らせることも伝えた方がいい。

それはダメでしょ！なくしたら，いきなりわた毛ができることになります。
❹ まとめ
なるほど。すごいの感じ方は人それぞれだけど，順番に説明するためには，必要ということですね。

花を咲かせた後に，どんなことをしているかを順番に説明しているね。

どの「ちえ」も，たんぽぽの育ち方だから，必要だよね。

たんぽぽのちえ

名前（　　　　　）

◇「メーター」をつかってかんがえよう！

「たんぽぽのちえ」を「すごいメーター」であらわそう！

ちえ①…じくをしずかに休ませて、たねにえいようをおくる。

5 4 3 ② 1

人とおなじように、たんぽぽもえいようをとるために休ませるのがすごいと思った。

ちえ②…わた毛をつけて、たねをふわふわととばす。

⑤ 4 3 2 1

わた毛をつけてとおくにとばすところが、すごくちえをつかっていてすごいと思った。

ちえ③…じくをぐんぐんのばして、たねをとおくまでとばす。

5 4 ③ 2 1

風がたくさんあたるようにくふうしているところがすごいと思った。

ちえ④…しめり気が多い日や、雨ふりの日に、わた毛がすぼむ。

5 ④ 3 2 1

たねをとおくまでとばすことができないから、わた毛をすぼませるのはすごいと思った。

⑤ワークシートの活用例

❶〈展開1〉で左頁のワークシートを配布します。

❷「ちえ①」で書き方を確認した後、ワークシートに自分の考えを書く時間を8分程度とります。

❸ペアをつくって話し合います。

❹書いたことをもとにして、全体で交流します。

⑥活用のポイント

なぜその数字を選んだのかについて理由を書く際には、もちろん叙述に基づいて書くことも大切ですが、**どんなところにどれだけ感動したのかを具体的に書かせること**も大切です。「ちえ①」で書き方を確認する際に、「どんなところがすごいと思った？」「どうしてその数字にしたの？」など、**しっかりと掘り起こしをして、どんな書き方をすればよいかを示すこと**が重要です。

たんぽぽのちえ

名前（　　　　　　　　）

◇『メーター』をつかってかんがえよう！

「たんぽぽのちえ」を「すごいメーター」であらわそう！

ちえ①…

5
4
3
2
1

ちえ②…

5
4
3
2
1

ちえ③…

5
4
3
2
1

ちえ④…

5
4
3
2
1

説明文・2年

どうぶつ園のじゅうい（光村）

教材タイプ：A
方法：一番を考える

①教材の特性

タイプA 複数の事例を紹介している教材

獣医さん自身が筆者となり、自分のある一日の仕事について紹介している説明文です。様々な動物の普段めったに見ることができない姿を知れる、子どもたちにとっても興味をひきつける内容です。

文章表現で特徴的なのは、第2段落以降、段落の冒頭に、「時間を表す言葉、またはそれに準ずるもの」が必ずあることです。また、獣医さんの仕事の紹介だけでなく、「工夫していること」や、「行動の理由」が書かれていることにも目を向けたいところです。

②学習課題

獣医さんが、一番○○だった時間は、何時頃？

〈図解〉時間を表す言葉

時間の経過 ←

②朝
③見回りがおわるころ
④お昼前に
⑤お昼すぎには
⑥夕方
⑦一日のしごとのおわりには
⑧どうぶつ園を出る前には

＊番号は、段落番号

活用する場面と指導のねらい

活用する場面　第二次中盤

指導のねらい　時間を表す言葉

一日の中で、何時頃、どんな仕事をしているかを話し合うことを通して、時間を表す言葉に気付かせる。

③ 板書例

どうぶつ園のじゅうい　うえだ みや 文

一番○○だった時間は、何時ごろ？

（1）一番「大変だった」時間は？

⑪時ごろ　・にほんざるがなかなか薬を飲んでくれなくて、大変だった。

⑫時ごろ　・ワラビーを三人がかりでおさえた。

（2）一番「ドキドキした」時間は？

⑨時～⑩時ごろ　・いのししのお腹に、赤ちゃんがいることが分かったから。

⑤時ごろ　・ペンギンがボールペンを飲み込んでしまった。
・命に関わるし、大急ぎだったから。

（3）一番「ゆったりした」時間は？

⑧時ごろ　・園の見回り。お散歩みたいだから。

⑥時ごろ　・一日の日記をゆっくり書けるから。

⑦時ごろ　・お風呂はやっぱり、リラックス！

時間を表す言葉で、何時ごろか分かる。

④ 展開例

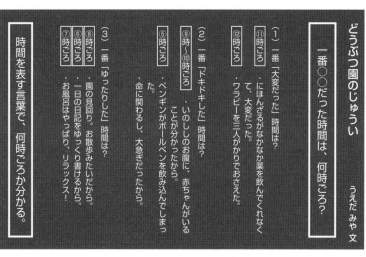

どうぶつ園のじゅうい

名まえ（　　　　　　）

◇一番　〇〇だった　時間は　なん時ころ？

①一番　大変　だった時間　↓　十一　時ころ

りゆう
にほんざるが、けがをしていて、くすりをのまないとだめなのに、なかなかくすりをのんでくれなくて、はちみつにまぜて、やっとのんでくれたからです。

②一番　ドキドキ　だった時間　↓　九　時ころ

りゆう
いのししのおなかに、赤ちゃんがいるかもしれないとしいくいんさんにきいて、きかいを当ててみたら、ほんとうに赤ちゃんがいたからです。

③一番　ゆったり　だった時間　↓　八　時ころ

りゆう
よるのおふろとまよったけれど、朝の見回りのときがまだつかれていないし、朝のおさんぽみたいで、きもちがよさそうだからです。

⑤ワークシートの活用例

❶〈展開1〉で左頁のワークシートを配付します。

❷記入のタイミングは三回。

それぞれ記入時間は、5分程度を目安にします。

❸三回とも、まずは何時頃にしたかを確認し、その上で理由を発表させるようにします。

⑥活用のポイント

ワークシート例は、三回記入させるように作成されていますが、子どもの実態で変更することも必要です。

また、教材の文章中には、何時頃かという具体的な記述がないため、戸惑う子どもがいる可能性があります。ワークシートに考えを書き出せない場合には、次のような言葉がけが有効になります。

☆「みんなの一日の生活がヒントになりそうですね。朝の会は何時頃かな。給食は何時頃かな。」

どうぶつ園のじゅうい

名まえ（　　　　　　　　　　）

◇一番〇〇だった　時間は　なん時ころ？

①一番［　　］だった時間　→　［　　］時ころ

りゆう

②一番［　　］だった時間　→　［　　］時ころ

りゆう

③一番［　　］だった時間　→　［　　］時ころ

りゆう

説明文・3年

すがたをかえる大豆（光村）

教材タイプ：A
方法：ランキング付けをする

① 教材の特性

タイプA 複数の事例を紹介している教材

大豆が姿を変えたものとして紹介されている九つの大豆食品が事例です。九つの食品は手の加え方等によって五つに分類されています。また、事例を説明する順序には、何らかの筆者の意図があることが推測できます。例えば、第3段落に「いちばん分かりやすいのは」とあることを根拠にすると、「大豆だと分かりやすい食品」から「大豆だと分かりにくい食品」へという事例の順序性になっていると考えることもできます（他の順序性も考えられます）。

〈図解〉事例の順序性

大豆と分かりやすい

①豆まきの豆　②煮豆
③きなこ
④とうふ
⑤なっとう　⑥みそ　⑦しょうゆ
⑧えだ豆　⑨もやし

↓

大豆と分かりにくい（手が込んでいる）

② 学習課題

工夫されている食品ランキングを作ろう！

活用する場面と指導のねらい

活用する場面　第二次前半

指導のねらい　事例の順序性・分類

説明内容の読み取りを促しつつ、「事例の順序性や分類」という説明における筆者の工夫に気付かせる。

③板書例

すがたをかえる大豆

国分 牧衛 文

くふうされている食品ランキングをつくろう

くふうされている食品ランキング	
1位	しょうゆ
2位	みそ
3位	とうふ
4位	なっとう
5位	きなこ
6位	もやし
7位	えだ豆
8位	に豆
9位	豆まきの豆

手順に注目→豆腐が大変

時間に注目→みそ半年、しょう油一年

注目することによって変わる！

○事例の順番を変えてもいいか？

・筆者の考えた順番がある。

・仲間分けがくずれてしまう。

筆者は事例の順序を考えている。

④展開例

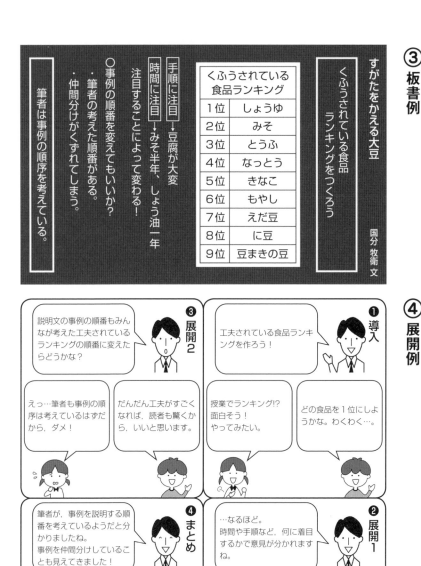

すがたをかえる大豆

名前（　　　　　）

◇『ランキングづくり』をしよう！

③から⑦段落を読んで、くふうされている食品ランキングをつくろう。

くふうされている食品ランキング		
順位《じゅんい》	大豆食品	その順位《じゅんい》の理由
1	しょうゆ	作るのに一年間もかかる。それに、豆だったものが水っぽく（液体に）なっているから。
2	みそ	作るのに、半年もかかるから。形もグチャグチャしているから。コウジカビも使っている。
3	なっとう	作るのに半年もかかる。ナットウキンを使っているから。
4	とうふ	作るのに、一晩かかる。作り方が大変だから。
5	もやし	日光に当てずに育てるなんて、よく考えついたなと思うから。
6	きなこ	こなにするのは、大変そう。
7	えだ豆	早く取り入れるだけだから、あまり工夫していない。
8	に豆	ただ、煮ただけ。
9	豆まきに使う豆	ただ、炒っただけ。

⑤ワークシートの活用例

❶〈展開1〉で左頁のワークシートを配付します。

❷考えを書く時間を、7分から10分程度とります。（今回は書く分量が多いので時間がかかります。）

❸ワークシートを見せながら、ペアで意見交流します。

❹一人のランキングを叩き台にして、全体で話し合う。

⑥活用のポイント

記入させる前に、次のように伝えることが大切です。

☆「教科書の言葉も使いながら、その順位にした理由を書けると、説得力があって、とてもいいですね。」

この一言があると、教材の文章から根拠となる部分を引用しながら、順位を考える観点を明確にして理由を記述することができます。話し合いにおいて陥りがちな、印象評価の述べ合いを避けることができます。

すがたをかえる大豆

名前（　　　　　　　　）

◇『ランキングづくり』をしよう！

③から⑦段落を読んで、くふうされている食品ランキングをつくろう。

くふうされている食品ランキング		
順位《じゅんい》	大豆食品	その順位《じゅんい》の理由
1		
2		
3		
4		
5		
6		
7		
8		
9		

説明文・3年

ありの行列（光村）

教材タイプ：F
方法：視点を変える

①教材の特性

タイプF　人物が登場する教材

「なぜ、ありの行列ができるのか」という問いを解明するために、ウイルソンが行った実験・観察と研究が紹介されています。

まず整理してあげたいのは、「問い」の部分です。問いの一文にある「それなのに」という言葉には、「ものがよく見えないとすれば、行列をつくることができるはずないのに」という意味が込められています。その前提条件を、子どもは意外と理解していません。

また、ウイルソンが行った実験・観察と研究は、相互に関連しています。そのつながり・考えの進め方が論理的です。

〈図解〉実験・観察と研究

ウイルソンという学者による

実験・観察①　ありの巣から少し離れたところに、砂糖を置き、行列ができる様子を観察した。

実験・観察②　行列の道筋を大きな石で遮り、また行列ができる様子を観察した。

研究　働きありの体の仕組み

活用する場面と指導のねらい

活用する場面　第二次前半

指導のねらい　順序・考えの進め方

ウイルソンの視点で再構成された文と教材とを比較する中で、実験等の順序と考えの進め方を理解する。

②学習課題

ウイルソンが日記を書いたら、こんな感じ?

③ 板書例

ありの行列

大滝 哲也 文

ウイルソンの日記は、こんな感じ?

私はまず、巣から少し離れた所に、大きな石を置きました。← ひとつまみの砂糖

・置いたのは、ひとつまみの砂糖。
・石を置くのは、もっと後。

すると、ありの行列ができたのです。私は超うれしくて、興奮しました。

・行列ができるのは、知っていた。
→そこまで喜ばない、興奮しない。

なぜか行列は、はじめのありが巣に帰るときに通った道筋から外れていませんでした。← でも私は別に気にせずに← その道筋に大きな石を置いて、ありの行く手をさえぎってみました。

「別に気にせずに」← おかしい!
・「ふしぎなことに」と書かれている。
・「ふしぎ」と思ったから、石を置いた。
→そうじゃなければ、石を置かない。

行列に不思議なことを見つけた→石を置いた
＊実験には、つながりがある!

④ 展開例

ありの行列

名前（　　　　　　）

◇ウイルソンの日記は　こんな感じ？

①の日記　→　（　よい　・　おかしい　）

理由
はじめにおいたのは、大きな石ではなく、ひとつまみのさとうです。大きな石をおいたのは、もっと後の話です。

②の日記　→　（　よい　・　おかしい　）

理由
行列ができて、うれしくてこうふんしたというのが、おかしいと思います。だって、行列ができることは、もう分かっていたはずだからです。

③の日記　→　（　よい　・　おかしい　）

理由
べつに気にせずに、というところがおかしいと思います。ウイルソンは、ふしぎに思ったから、大きな石をおきました。

⑤ワークシートの活用例

❶〈展開1〉で左頁のワークシートを配付します。
❷考えを書く時間は、三回とも3分程度とします。
❸ワークシートをもとに、全体で意見交流します。

⑥活用のポイント

本時では、ウイルソンの視点で書いたという設定の日記を、三度提示します。ワークシート例では、その三回とも、考えを記入することができるようになっていますが、必ずしもそうする必要はありません。

むしろ、毎回ワークシートに記入する時間をとることで、授業のテンポが失速する可能性もあります。

子どもが「先生！　それはおかしいです！」と、話したくなった瞬間を逃さず、「では、今思ったことを、隣の友達に話してみよう！」と促すことも大切です。

ワークシートを使わないことも、一つの選択肢です。

ありの行列

名前（　　　　　　　　）

◇ウイルソンの日記はこんな感じ？

①の日記→（よい・おかしい）

理由

②の日記→（よい・おかしい）

理由

③の日記→（よい・おかしい）

理由

説明文・4年

アップとルーズで伝える（光村）

教材タイプ：C
方法：記号で表す

① 教材の特性

タイプC 内容の飛躍や非統一性を感じる教材

アップとルーズについて、サッカーの試合のテレビ中継を話題として、両者を比べるように説明を行っている対比型説明文です。

説明の特徴として、第7、8段落で新聞（写真）にも話題を広げ、内容の一般化を図っている点が挙げられます。

また、題名は「アップとルーズ」ですが、本文は「ルーズ…」と、「アップ→ルーズ」の順序となっていますが、本文は「ルーズ」から先に説明されていることも気になります（でも、その理由ははっきりしません）。

〈図解〉題名と内容の不一致

「アップとルーズで伝える」

⇔ 不一致

①ルーズの例 …ル
②アップの例 …ア
③ルーズとアップの説明 …両方
④アップの長所と短所 …ア
⑤ルーズの長所と短所 …ル
⑥小まとめ …両方
⑦写真の例 …両方
⑧大まとめ …両方

活用する場面と指導のねらい

活用する場面 第二次後半

指導のねらい 題名と本文の整合性

題名の順序と本文の説明の順序との不一致に気付かせ、自分の考えを表現させる。

② 学習課題

書かれていることを、記号を使って確かめよう！

③ 板書例

アップとルーズで伝える　中谷日出文

書かれていることを、記号を使って
たしかめよう！

題名「アップとルーズで伝える」
⟺ 合っていない
しかし…！
内容　ル→ア→両→ア→ル→両→両→両

◎題名を「ルーズとアップで伝える」
に変えた方がよい？

【賛成】
・内容としては、ルーズ
→アップで始まるから、
そろえた方がよい！

【反対】
・筆者としては、
アップになじみ
やすいと思った
はず！

「題名と内容が合っているか」
整合性《せいごうせい》を考える。

④ 展開例

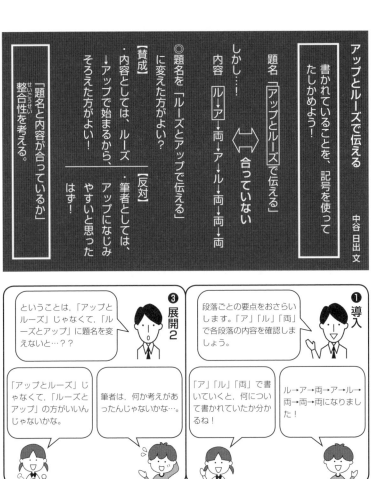

アップとルーズで伝える

名前（　　　）

◇書かれていることを『記号』を使ってたしかめよう！

各だん落の要点を「ア」「ル」「両」の記号を使ってたしかめよう。

①「ル」②「ア」③「両」④「ア」⑤「ル」⑥「両」⑦「両」⑧「両」

!! ①から②が「ルーズ→アップ」になっている！

◎題名を「ルーズとアップ」にした方がよい？

さん成・反対

題名は、「アップとルーズ」になっているけど、①から②の内ようは、「ルーズ→アップ」になっている。読む人は、題名からして、「アップ→ルーズ」のじゅん番で書かれていると思って読んでしまうから、題名は、「ルーズとアップ」の方がいい。

あらためて…

さん成・反対

○○さんの意見を聞いて、考えが変わった。たしかに、最初は「ルーズ→アップ」のじゅん番だけど、④から⑤が、サッカーの試合の流れに合わせて「アップ→ルーズ」のじゅんに書かれていることを考えると、「アップとルーズ」でよいのかなと思った。

⑤ワークシートの活用例

❶〈導入〉で左頁のワークシートを配布します。

❷賛成か反対か、自分の考えを書く時間を与えます。（時間は、6分から8分程度とります。）

❸班で交流した後、黒板にネームプレートを貼ります。

❹少数派から意見を発表させ、全体で議論します。

⑥活用のポイント

全体で意見を交流した後に、改めて自分の考えを書く時間を設定します。その際に大切なことは、**説得力があったのは、誰の意見だったのかを書かせる**という点です。

説得力のある意見の述べ方や、考えの書き方を意識させることによって、書く力を伸ばしていくことができます。

アップとルーズで伝える

名前（　　　　　　　　　　）

◇書かれていることを『記号』を使ってたしかめよう！

各だん落の要点を「ア」「ル」「両」の記号を使ってたしかめよう。

①「　」②「　」③「　」④「　」⑤「　」⑥「　」⑦「　」⑧「　」

!!

◎

さん成・反対

あらためて…

さん成・反対

説明文・4年

花を見つける手がかり（教出）

教材タイプ：E
方法：比べて考える

① 教材の特性

タイプE　実験や観察の過程を紹介している教材

もんしろちょうが何を手がかりにして花を見つけているのかについて、三つの「実験」と「観察」を通して説明されている実験・観察型の説明文です。「事実」（結果として得られた客観的な情報）と「意見」（結論として導き出された主観を含めた考え）が、きちんと分けられているのが書かれ方の特徴です。実験を通して生まれた新たな疑問をもとに、次の実験を行っているという実験相互に関連があることもポイントです。

② 学習課題

「色紙を使った実験」だけでよいのでは…？

〈図解〉実験・考察の過程

実験①　〈花〉を使った実験
結果　・紫の花に集まった
↓
実験②　〈造花〉を使った実験
結果　・造花に集まった
・におい×
↓
実験③　〈色紙〉を使った実験
結果　・紫の色紙に集まった
・形×
↓
結論　「色」を手がかりにしている！

活用する場面と指導のねらい

活用する場面　第二次後半

指導のねらい　実験と考察の関係

思考を揺さぶる課題を投げかけることで、段階を追って発展していく実験の過程に着目できるようにする。

③ 板書例

花を見つける手がかり

吉原 順平 文

「色紙を使った実験」だけで
よいのでは…？

もんしろちょうは…

×「形」を手がかりにしている

○「色」を手がかりにしている

×「におい」を手がかりにしている

「色」を手がかりにしている
ということが、○つ目の実験から分かった。

・花を使った実験と、造花を使った実験がないと、色紙の実験には行きつけなかった。
・実験を重ねる中で分かったことだから、三つの実験がそろっていないと、説得力がなくなる。

「実験」と「実験」にはつながりがある。
全ての実験が重要！

④ 展開例

花を見つける手がかり

名前（　　　　　　）

◇読み取ったことをもとに考えよう！

三つの実験から**どのような結果をえられたのか**ふり返ろう。

正しいものには「○」まちがっているものには「×」をつけましょう。

× 「形」を手がかりにしている

○ 「色」を手がかりにしている

× 「におい」を手がかりにしている

この結果は、3つ目の実験から分かる！

◎ 色紙を使った実験だけを説明すればよかったのでは？

× 色紙を使った実験にたどりついたのは、前の二つの実験があったからで、その二つの実験についての説明をぬいてしまったら、実験の流れが分からなくなってしまう。三つの実験がかかわっていて、どれか一つがなくなってしまったら、「色」を手がかりにしているという結果はえられなかったはず。だから、「色紙」の説明だけにすることはできないと思う。

⑤ワークシートの活用例

❶〈導入〉で左頁のワークシートを配り実験を振り返ります。

❷発問を投げかけ、自分の考えを書かせます。（実態にもよりますが、5分ほど時間をとります。）

❸ペアで話し合った後、班で意見を交流します。

❹少数派の意見から発表させ、全体で意見交流します。

⑥活用のポイント

なぜ「色紙を使った実験」だけの説明ではダメなのか、詳しく書かせたいところですが、なかなか難しい児童もいるかもしれません。その場合には、作業の途中で、書けている児童のものを紹介し、**「サンプルとなるような書き方を示してあげること」**が必要です。

どんな書き方をすればよいかが分かれば、鉛筆は自然と動きます。

花を見つける手がかり

名前（　　　　　　　　　　）

◇読み取ったことをもとに考えよう！

三つの実験からどのような結果をえられたのかふり返ろう。

正しいものには「○」まちがっているものには「×」をつけましょう。

□「形」を手がかりにしている

□「色」を手がかりにしている

□「におい」を手がかりにしている

この結果は、□つ目の実験から分かる！

◎

□

説明文・5年

生き物は円柱形（光村）

教材タイプ：C
方法：比べて考える

〈図解〉序論・本論・結論の関係

序論…**多様であるが共通性もある**

本論…**円柱形についての事例説明**

◎共通性しか述べられていない…

⇔ 飛躍がある

結論…**生き物は多様である**

◎多様性が主張の中心

活用する場面と指導のねらい

活用する場面　第二次後半

指導のねらい　**事例とまとめの関係**

本論部と結論部におけるキーワードの違いに着目させることを通し、事例とまとめの関係を捉えさせる。

① 教材の特性

タイプC　内容の飛躍や非統一性がある教材

説明内容が「筆者の考え」である論説文教材です。4年生までの具体的な対象を説明する文章とは一味違い、考えという目に見えないものが説明対象であるために、抽象的で、難度は高くなります。

筆者の中心的な主張は、「生き物は多様だが、円柱形という共通性がある」ということです。気を付けたいのは、序論部、本論部は、その主張通りの内容である一方で、結論部は、どちらかと言うと「多様」ということの方に重きが置かれていることです。

② 学習課題

まとめ（結論）にふさわしいのは、どちらでしょう？

③板書例

生き物は円柱形

本川 達雄 文

まとめ（結論）にふさわしいのは、どちらでしょう？

Aの⑪段落

生き物は実に多様である。長い進化の時間をかけて、それぞれが独自の多様な…。

Bの⑪段落

生き物に共通することは、その体の基本が円柱形であるということであり…。

・「多様性」が中心になっている。

事例と合っていない。

・「共通性」についてまとめられている。

事例と合っている。

序論…「多様性」と「共通性」
本論…「共通性」についての事例

↓

筆者が、Aの結論にした「意図」は何か…？

事例とまとめから、筆者の意図が考えられる。

※Bの文章は，「共通性」をメインに，教師がリライトする。

④展開例

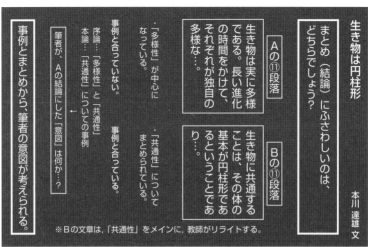

生き物は円柱形

名前（　　　　　）

◇「事例とまとめ」の関係について考えよう！

まとめ（結論）にふさわしい文章はどちらか、自分の考えを書こう。

【Aの⑪だん落】

生き物は実に多様である。長い進化の時間をかけて…

※本文の⑪段落を入れる。

【Bの⑪だん落】

生き物全てに共通することは、円柱形をしているということである。長い年月をかけて、それぞれが円柱形という形をもとにして、独自の進化をとげてきた。そのことを思うと、あらゆる生き物に対して、おそれ、うやまう気持ちをいだかずにはいられない。それぞれの生き物が、円柱形という形を生かしつつ、その生活特性をふまえて進化する中で、今のような環境ができ上がっているのである。生き物が円柱形であるように、色々なものから共通性を見つけ、なぜ同じであるかを考えることも、実におもしろい。

B

序論では、多様性と共通性の両方について書かれていたけれど、本論では「円柱形をしている」という共通性のことについてしか書かれていないから、Aの文章は、まとめにふさわしくない。

Bの文章は、共通性のことについてまとめられているから、ぴったりだと思った。

⑤ワークシートの活用例

❶〈展開1〉で左頁のワークシートを配付します。

❷考えを書く時間を、8分程度とります。

❸どちらの立場なのかをペアで交流します。交流を終えた後、同じ立場でグループをつくり、交流します。

❹クラス全体で意見の交流をします。

⑥活用のポイント

理解を揃えてから活動に取り組ませるためにも、Aの文章とBの文章とで、どのような違いがあるのかをはっきりさせておくことが重要です。

そのためにも、ワークシートに載せてあるそれぞれの文章にサイドラインを引くなどして、どのような違いがあるのかを視覚化しておくと、自分の意見を書きやすくなります。

生き物は円柱形

名前（　　　　　　　　　　）

◇「事例とまとめ」の関係について考えよう！

まとめ（結論）にふさわしい文章はどちらか、自分の考えを書こう。

【Aの⑪だん落】

生き物は実に多様である。長い進化の時間をかけて…

※本文の⑪段落を入れる。

【Bの⑪だん落】

生き物全てに共通することは、円柱形をしているということである。長い年月をかけて、それぞれが円柱形という形をもとにして、独自の進化をとげてきた。そのことを思うと、あらゆる生き物に対して、おそれ、うやまう気持ちをいだかずにはいられない。それぞれの生き物が、円柱形という形を生かしつつ、その生活特性をふまえて進化する中で、今のような環境ができ上がっているのである。生き物が円柱形であるように、色々なものから共通性を見つけ、なぜ同じであるかを考えることも、実におもしろい。

説明文・5年

天気を予想する（光村）

教材タイプ：B
方法：空所を作る

①教材の特性

タイプB　複数の写真や挿絵、図表のある教材

連続型テキスト（文章）と非連続型テキスト（図表や写真）が組み合わさった説明文教材です。こうした教材では、図表や写真が適切に用いられているかどうかを検討することが大切です。

例えば、第５段落の「突発的な天気の変化」の説明の中で、「積乱雲」への言及がありますが、その写真が提示されているのは、教材の最後です。また、説明をよりよく理解する上で、用いられている全ての図表や写真が必要かどうかということも検討に値します。

②学習課題

写真やグラフなどの資料が、どこに入るのかを考えよう。

〈図解〉「積乱雲」の写真位置

第５段落…「突発的な天気の変化」
【積乱雲についての叙述】

…これらの雨は、数十分のうちに急速に発達する積乱雲によってもたらされます。

しかし…

「積乱雲」の写真は、本文の最後に掲載

【第10段落に入る根拠となる叙述】

…自分でも天気に関する知識をもち、自分で空を見、風を感じることを大切に…

活用する場面と指導のねらい

活用する場面　第二次前半

指導のねらい　図表やグラフの効果

図表やグラフなどがどこに位置付くかを考える活動を通して、文章の理解を促す図表の効果を理解する。

③ 板書例

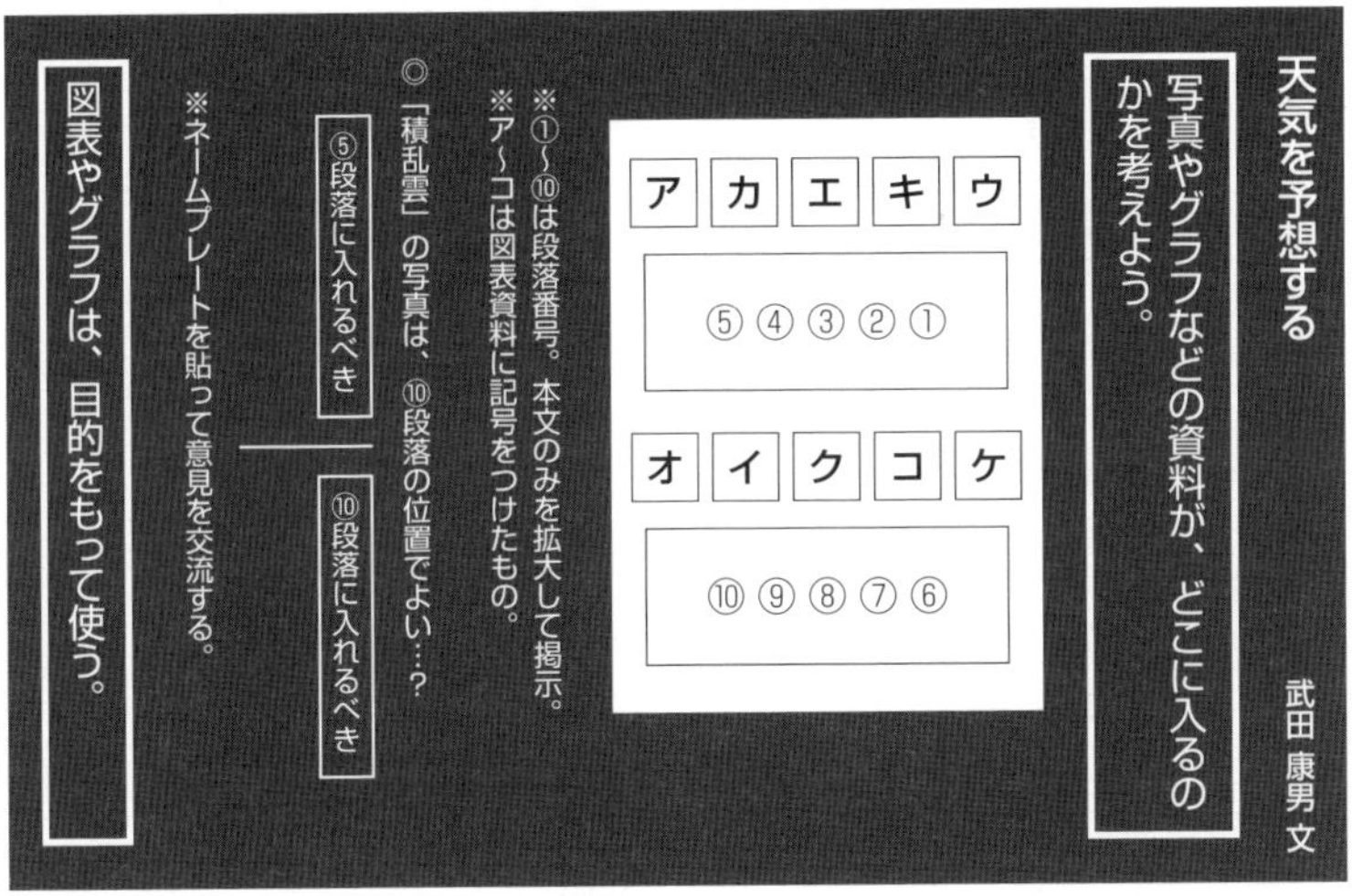
天気を予想する
武田 康男 文
写真やグラフなどの資料が、どこに入るのかを考えよう。
ウ キ エ カ ア
①②③④⑤
ケ コ ク イ オ
⑥⑦⑧⑨⑩
※①～⑩は段落番号。本文のみを拡大して掲示。
※ア～コは図表資料に記号をつけたもの。
◎「積乱雲」の写真は、⑩段落の位置でよい…？
⑤段落に入れるべき
⑩段落に入れるべき
※ネームプレートを貼って意見を交流する。
図表やグラフは、目的をもって使う。

④ 展開例

❶ 導入
実は，この説明文には，多くの資料が使われています。どの資料がどこに入るかを考えてみよう！
②段落には，説明が書かれているから，キとエが入るはず！
①段落には，的中率が書かれているから，ウの資料が入るね！
❷ 展開1
では，筆者である武田さんが，どの資料をどこに入れたのか，教科書で確認してみましょう。

あれ？「積乱雲」の写真は⑤段落に入れるべきだと思うな…。

あれ！「積乱雲」が最後にある！ でも，⑩段落で説明されていることと合ってる！
❸ 展開2
なぜ武田さんは，「積乱雲」の写真を最後に入れたのでしょう？

自分で空を見ることをしてほしい…という思いがあったからかな。

天気に関する知識としてもっておいてほしいという願いがあったんじゃないかな。
❹ まとめ
図表やグラフは，目的やねらいをもって配置する必要があるね。

武田さんにも考えがあって，この並べ方にしているんだね。

資料をどのように使うのかを考えるのは大切だね！

天気を予想する

名前（　　　　　）

◇図表やグラフがどこに入るのかを考えよう！

「ア」から「コ」の資料がどこに入るのかを考えよう。

ア 静止気象衛星と写真	カ 予想図
イ かさ雲	キ アメダスの観測装置
ウ 降水の予報精度	ク 天気がちがう様子
エ 気象レーダー	ケ 観測された回数
オ うろこ雲	コ 積乱雲

A…【ウ】
B…【キ・エ】
C…【カ】
D…【ア】
E…【ケ・コ】
F…【ク】
G…【イ・オ】

⑤段落に入れるべき！

最初に「積乱雲」の話が出てくるのは、⑤段落だし、そこで「積乱雲」の写真が出てきた方が、どんなものなのかということも分かるから、コの「積乱雲」の写真は、⑤段落に入れるべきだと思う。

※「A」から「G」は、教科書で資料が挿し込まれているスペースを指しています。

⑤ワークシートの活用例

❶〈導入〉で左頁のワークシートを配布します。
❷ペアで検討する時間を5分程度とります。
❸全体で確認した後、「積乱雲」の写真をどちらに入れるのがよいかについて、自分の考えを書きます。
❹ネームプレートを貼り、全体で意見交流をします。

⑥活用のポイント

どの資料がどこに入るのかをペアで考えさせる際、次のような声かけをしておくことが大切です。

☆「なぜその資料がそこなのか、どの部分が手がかりになるのかを説明できるようにしておきましょう。」

その後の展開にも関わる大切な部分になるので、何を根拠としてそう考えたのかを言えるように促すことが重要です。

天気を予想する

名前（　　　　　　　　　　）

◇図表やグラフがどこに入るのかを考えよう！

「ア」から「コ」の資料がどこに入るのかを考えよう。

ア 静止気象衛星と写真	カ 予想図
イ かさ雲	キ アメダスの観測装置
ウ 降水の予報精度	ク 天気がちがう様子
エ 気象レーダー	ケ 観測された回数
オ うろこ雲	コ 積乱雲

A…【　　】
B…【　　】
C…【　　】
D…【　　】
E…【　　】
F…【　　】
G…【　　】

説明文・6年

『鳥獣戯画』を読む（光村）

教材タイプ：C
方法：暗黙知を使う

① 教材の特性

タイプC 内容の飛躍や非統一性を感じる教材

筆者は、「蛙と兎の相撲」の場面を事例として、『鳥獣戯画』の凄さや魅力、漫画やアニメの祖であることを説得的に述べています。絵の見方・解釈の仕方については、筆者の考えがかなり強調されていて、ともするとそれが絶対的な見方であるかのように思ってしまいます。しかし、この場面の絵の解釈に統一的な見解はなく、筆者の解釈も一つの意見に過ぎないことに注意が必要です。さらに、『鳥獣戯画』は、「国宝であるだけでなく、人類の宝」とも言うべきものであるという主張には、若干の飛躍を感じます。

② 学習課題

「人類の宝」という評価は適切か？

〈図解〉結論部への疑問

最後の一文
『鳥獣戯画』は、だから、国宝であるだけでなく、人類の宝なのだ。
↓
「人類の宝」という表現は適切か？

〈適切〉
・世界に類を見ないものだから
・祖先が大切に保存したから

〈飛躍している〉
・さすがに人類の宝は言い過ぎではないか？

活用する場面と指導のねらい

活用する場面 第二次後半

指導のねらい 評価する読み

結論部における筆者の表現に対して、根拠を明確にして、共感や納得、反論など自分なりに評価させる。

③板書例

『鳥獣戯画』を読む

高畑 勲 作

○ □ に入る言葉は？

第⑨段落

『鳥獣戯画』は、だから、□なのだ。

!? 人類の宝

・日本の宝
・世界に一つ
・大切なもの

「人類の宝」という言葉は、適切だと思うか？

筆者の主張に対して、根拠や理由を明確に自分の考えをもつ → 評価する読み

④展開例

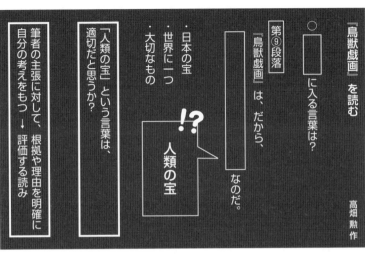

『鳥獣戯画』を読む

名前（　　　　）

◇**筆者が使っている「言葉」について考えよう！**

本文の内容をもとに、［　　］に入る言葉は何か考えよう。

【自分の考えでは…】

大切な歴史	筆者は、『鳥獣戯画』のことを高く評価しているし、まん画やアニメの祖であるとも言っているので、きっと、「大切な歴史」という言葉が入ると思った。

【グループの考えでは…】

世界の宝	この言葉の前に、「国宝であるだけでなく」という文章が書かれているので、「国宝」以上の評価の言葉として、「世界の宝」が入ると考えた。

◎「人類の宝」という言葉は適切だと思うか？

思わない。	世界を見わたしても、どこにも見つかっていないということを考えれば、「世界の宝」という言葉はふさわしいと思うけど、「人類の宝」は、少し言いすぎだと思う。

⑤ワークシートの活用例

❶〈導入〉で左頁のワークシートを配付します。
❷個人での意見をもたせた後、グループで考える時間を8分程度とります。
❸クラス全体でどんな言葉が出てきたかを共有します。
❹発問に対する意見を書き、全体で話し合います。

⑥活用のポイント

自分の考えを書くときも、グループの考えをまとめるときも、**何を根拠にしてその言葉だと思ったのか、叙述に即して考えるように促す**ことが大切です。

また、**【自分の考え】や【グループの考え】にまとめたことを読み直しながら「適切かどうか」を考えさせること**もポイントです。そうすることで、筆者の感覚と自分の感覚を比較しながら考えることができます。

『鳥獣戯画』を読む

名前（　　　　　　　　　　）

◇筆者が使っている「言葉」について考えよう！

本文の内容をもとに、［　　　　］に入る言葉は何か考えよう。

【自分の考えでは…】

【グループの考えでは…】

◎

説明文・6年 ぼくの世界、君の世界（教出）

教材タイプ：D
方法：イメージ化する

①教材の特性

タイプD　抽象的な内容や考えを伝える教材

抽象的で難解な内容を、筆者自身の体験や、読者である子どもたちに合わせた具体例を用いて、分かりやすく伝えようとしています。例示されている場面は、読者である子どもたちの誰もが体験したことがあるような生活場面です。そのため、親しみをもって読むことはできます。しかし、「人の感じ方」という、はっきりと存在しない曖昧なものを説明しているために、書かれていることがうまくイメージできない可能性があります。

②学習課題

筆者が言いたいことって…？

〈図解〉抽象的な叙述

あまみの事例

君と友達が感じているあまみが、同じだと言い切れるだろうか。

・あまみの程度が違っているかもしれない。
・言葉だけが共通していて、感覚は全く違っているかもしれない。

＊具体的にイメージするのが難しい。

活用する場面と指導のねらい

活用する場面　第二次前半

指導のねらい　事例と主張の関係

要旨を捉える上で重要な「あまみや痛み」の事例の理解を促し、事例と結論部との関係にも気付かせる。

③板書例

ぼくの世界、君の世界

西研 文

筆者が言いたいことって…？

その①

君「あまいね。」

友達「うん、あまいね。（心の中で「このチョコレートまずっ!」と思っている。）」

× ちがう
味は関係ない

その②

君「あまいね。」

友達「うん、あまいね。（心の中で「全然あまくない!」）」

←「超あまい！　あますぎ!」

△ 近い！
そんな感じ
反対かも？

その③　第⑩段落

君「あまいね。」

友達「うん、あまいね。（心の中で「めっちゃ辛い!」）」

× ちがう
言葉は共通
感覚が別かも

あまみと痛みの事例は、筆者が伝えたいこと（主張・結論）と関わっている。

④展開例

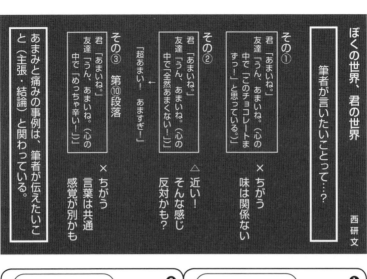

ぼくの世界、君の世界

名前（　　　　）

◇筆者が言いたいことって、こういうこと？

その①について（　よい　・　おかしい　）

理由

筆者は、「君の感じているあまみと、友達が感じているあまみが同じだ、と言いきれるだろうか。」と言っているのであって、味を問題にしている訳ではない。問題はあまみが同じかどうか、ということなので、「このチョコレートまずっ！」という発言は、おかしいと思います。

その②について（　よい　・　おかしい　）

理由

その①よりも、ずっと合っていて、ほぼ正解なんだけれど、少しだけ違っていて、おしい感じです。筆者は、⑨段落で、「君よりも友達のほうがずっとあまく感じているかもしれない、というようなことが考えられる」と言っています。つまり、その②の中で、友達が、心の中で、「全然あまくない！」というのは、反対でおかしいです。

その③について（　よい　・　おかしい　）

理由

ここに書かれているのは、「言葉だけが共通している」けれど、感覚が全く違うことも考えられるということです。だから、その③で、心の中で「めっちゃ辛い！」と思っているとしたら、言葉が共通していないことになってしまうので、おかしいと思います。

⑤ワークシートの活用例

❶〈展開1〉で左頁のワークシートを配付します。
❷考えを書く時間は、三回とも5分程度とします。
❸ワークシートをもとに、全体で意見交流します。

⑥活用のポイント

本時では、「筆者の言いたいことって、こういうこと？」という揺さぶりを三度行います。ワークシート例にはその三回分の記入場所が用意され、毎回考えを記入できるようになっています。しかし、「ありの行列」と同じく、必ずしもワークシートに毎回考えを記入させる必要はありません。

「こういうこと？」と、その①から②を提示したとき、子どもたちはきっと、すぐに話したくてたまらないという様子を見せると思います。話したい！というその思いに応えることも大切です。

ぼくの世界、君の世界

名前（　　　　　　　　）

◇筆者が言いたいことって、こういうこと？

その①について　（よい・おかしい）

理由

その②について　（よい・おかしい）

理由

その③について　（よい・おかしい）

理由

文学・1年

くじらぐも（光村）

教材タイプ：①
方法：一番を考える

① 教材の特性

タイプ①　出来事の繰り返しがある教材

リズムや調子のいい会話文がたくさんあって、思わず声に出して読みたくなる楽しい教材です。さらに、会話文の繰り返しがあることが特徴です。同じ会話文が何度も出てくると、その言葉がとても印象に残ります。

会話文そのものは、これまでに学習した教材にも登場していますが、会話文を、かぎ（「　」）で表記するということについては、この教材で初めて学習します。

〈図解〉会話文の繰り返し

＊全く同じ会話文が何度も登場

・「おうい。」…2回
・「ここへおいでよう。」…2回
・「天までとどけ、一、二、三。」…3回
・「もっとたかく。もっとたかく。」…2回
・「さようなら。」…2回

活用する場面と指導のねらい

活用する場面　第二次前半

指導のねらい　会話文・かぎ

会話文は、かぎで表記すること、場面の様子と会話文の読み方を関連させることについて理解させる。

② 学習課題

一番大きな声で読んだらいいのは、どれ？

③ 板書例

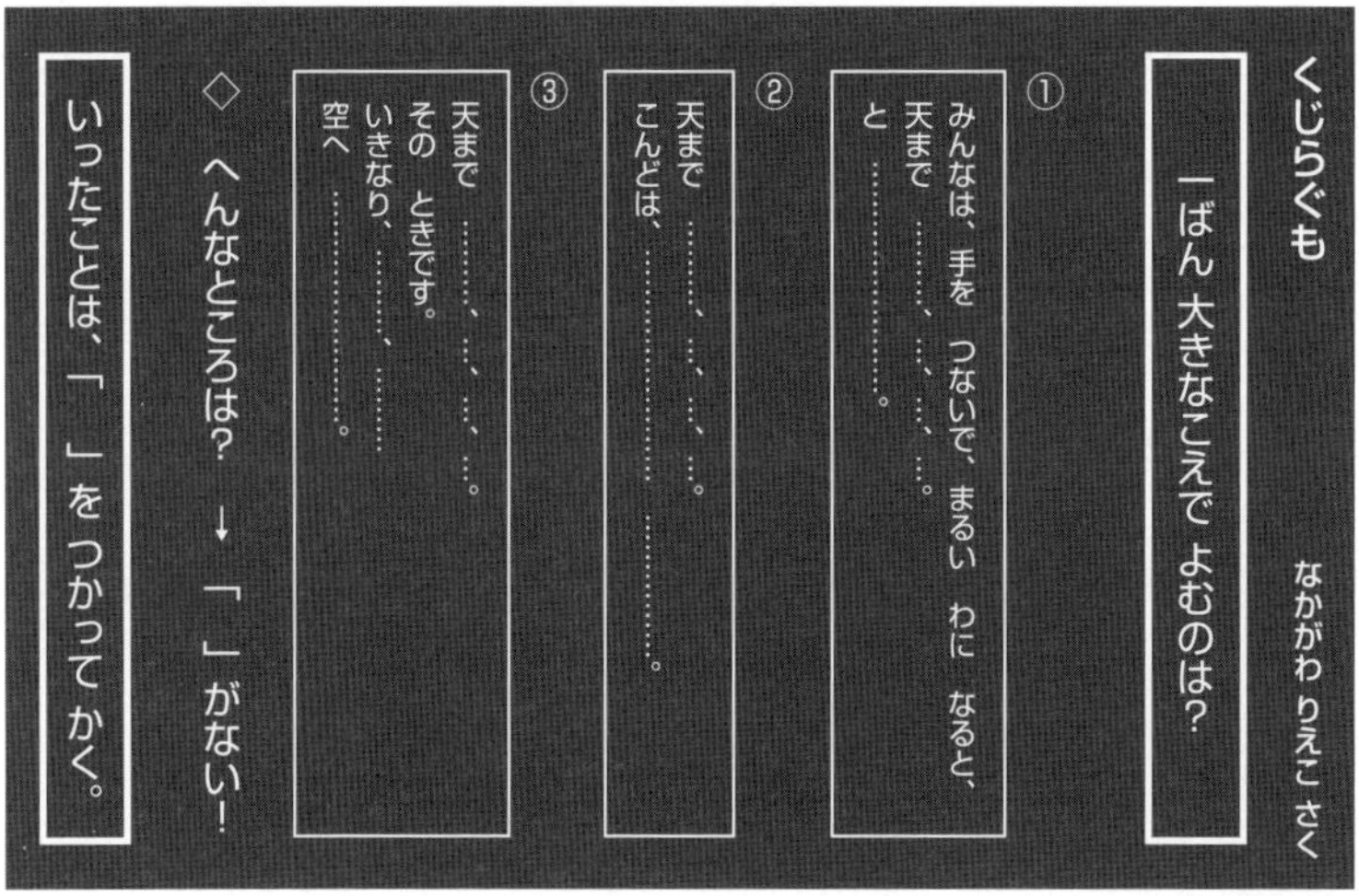
くじらぐも
なかがわ りえこ さく
一ばん 大きな こえで よむのは？
①
みんなは、手を つないで、まるい わに なると、
天まで ………、…、…、…。
と ………………。
②
天まで ………、…、…、…。
こんどは、……………… ………………。
③
天まで ………、…、…、…。
その ときです。
いきなり、………、………
空へ ………………。
◇ へんなところは？ → 「 」がない！
いったことは、「 」をつかってかく。

④ 展開例

❶ 導入
こんな場面がありましたね（①から③のカードを提示）。変なところはありますか？
何かが足りないような気がする…。
あ，分かった！ マークが抜けています。
❷ 展開1
「　」は，かぎと言います。言ったことの文は，かぎを使って書きます。かぎがあった方がいいですか？

うん。教科書に書いてあるから，つけた方がいいと思います。

その部分は，みんなが言ったことだから，目印があった方が分かりやすい！
❸ 展開2
全く同じ言ったことの文が，三つありますね。中身が同じだから，読み方も全部同じでいいですよね？

中身は同じだけど，言っているときの気持ちが違うと思います。

いや…読み方は全部同じではないと思います！
❹ まとめ
では，三つの「天までとどけ，一，二，三。」の中で，どれを一番大きな声で読みたいですか？
③です！ 三回目は，みんなの声が一番揃ったと思うからです。
③です！ 一番高くジャンプできたから，声も一番大きな声で読みたい！

くじらぐも

なまえ

◇一ばん　大きな　こえで　よむのは？

（　①・②・③　）（③に〇）

どうしてかというと、一ばんたかくジャンプできたから、こえも一ばん大きなこえだったとおもうからです。

⑤ワークシートの活用例

❶〈まとめ〉で左頁のワークシートを配付します。
❷考えを書く時間を、５分程度とります。
❸全体の前でワークシートに書いた考えを発表させ、その上で、「天までとどけ…」の部分を音読させます。
❹学級全体の意見を踏まえ、三か所の「天までとどけ…」の音読を全員で行います。

⑥活用のポイント

記入前に、次のように伝えます。

☆「言ったことは同じだけれど、そのときの気持ちや、出来事がちょっと違うよね。そのことを理由に書けるといいですね。」

まとめでのワークシート活用は、本時の学習内容が理解できているかどうかの評価ともつながります。

くじらぐも

なまえ

◇一ばん　大きな　こえで　よむのは？

（　①　・　②　・　③　）

ど	う	し	て	か	と	い	う	と、

文学・1年

たぬきの糸車（光村）

教材タイプ：⑥
方法：イメージ化する

① 教材の特性

タイプ⑥ 解釈や想像が必要な空所がある教材

「むかし、ある山おくに…」から始まり、「…かえっていきましたとさ」で終わっています。典型的な昔話の語り口調で、親しみをもって楽しく読める作品です。優しいおかみさんと、可愛らしいたぬきの交流が描かれています。

おかみさんとたぬきの他にもう一人、実はきこり（おかみさんの夫）が登場しています。作品中では、一度出てくるだけですが、小屋の中で、おかみさんとどんな話をしているのでしょうか。たぬきのことを二人がどんなふうに話しているか想像が膨らみます。

② 学習課題

おかみさんときこりは、どんな話をしているかな？

〈図解〉おかみさんの変化

はじめ **きこりが、罠をしかける**
＊おかみさんも同意していたと考えられる

たぬきが毎晩糸車を回す真似
「いたずらもんだが可愛いな」

あるばん **おかみさんが罠にかかったたぬきを逃がす**

活用する場面と指導のねらい

活用する場面 第二次前半

指導のねらい 心情の変化

きこりの夫婦の会話を想像したりたぬきの様子を動作化したりすることを通し、心情の変化を理解させる。

③板書例

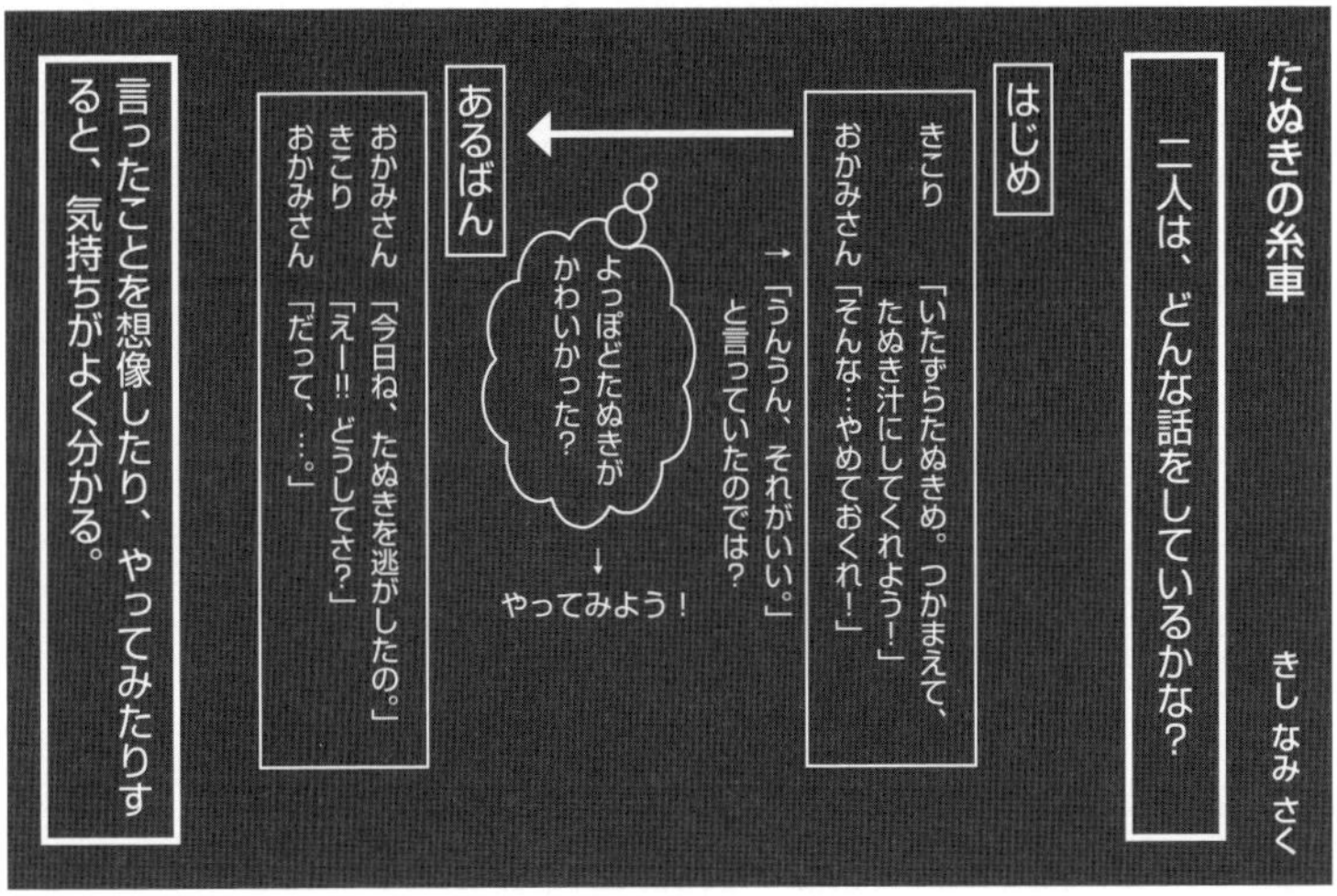

たぬきの糸車
きし なみ さく
二人は、どんな話をしているかな？
はじめ
きこり 「いたずらたぬきめ。つかまえて、たぬき汁にしてくれよう！」
おかみさん 「そんな…やめておくれ！」
→「うんうん、それがいい。」と言っていたのでは？
よっぽどたぬきがかわいかった？
↓
やってみよう！
あるばん
おかみさん 「今日ね、たぬきを逃がしたの。」
きこり 「えー!! どうしてさ?」
おかみさん 「だって、…。」
言ったことを想像したり、やってみたりすると、気持ちがよく分かる。

④展開例

❶導入
おかみさんがたぬきを逃がした「あるばん」。きこりとおかみさんは，どんなお話をしていたのかな？
きこり役「えー！どうしてさ？」
おかみさん役「だって，たぬき汁なんて，かわいそうじゃない。」
❷展開1
なるほど…。優しいおかみさんの言葉を想像できましたね。では，「はじめ」の会話はこんな感じですね？

うん！ きっと，そうだよ！おかみさんは優しいから…。

うーん…おかみさんも，最初はたぬきのことを嫌がっていたんじゃないかな？
❸展開2
はじめ，おかみさんもつかまえることに賛成していた…でも変わった。よっぽど可愛かったのかな？ やってみよう！

音読役「糸車がキークルクルと回るにつれて，二つの目玉もくるりくるりと回りました。」

（音読に合わせて動作化）
❹まとめ
音読に合わせてやってみると，可愛さがよく分かりますね。もう一度，「あるばん」のおかみさんのセリフを言ってみよう！
おかみさん役「だって，私のこと真似するから，可愛く思えてきちゃって。」
おかみさん役「だって，あのたぬき，私の真似して可愛いのよ。」

たぬきの糸車

なまえ

◇ あるばんの　きこりと　おかみさんは、どんな　おはなしを　しているかな？

① わたしね、じつはね、きょう、たぬきをにがしてしまったの。

② えー！！
たぬきを、にがした！？
そりゃあ、またどうして？

おかみさんの挿絵

きこり風の人物の絵

③ だって、あのたぬき、すごくかわいいのよ。
わたしが糸車をまわすのを、まいばん見にきて、目玉をくるりくるり、まわしながらね、まねするの。かわいいでしょう。

⑤ワークシートの活用例

❶〈まとめ〉で左頁のワークシートを配付します。
❷考えを書く時間を、5分程度とります。
❸ワークシートをもとに、ペアの友達と、きこり役・おかみさん役を交代しながら、役割演技を行います。
❹学級全体で役割演技を発表します。

⑥活用のポイント

子どもがイメージをしやすいように、おかみさんの挿絵と、きこり風の人物のイラストを載せたワークシートを用意します。

左頁のワークシート例では、会話の①と②の部分の内容がはじめから書き込まれていますが、全てを空欄にしておいて、子どもに考えさせるのもいいかもしれません。ただし、ねらいが変わらないように注意が必要です。

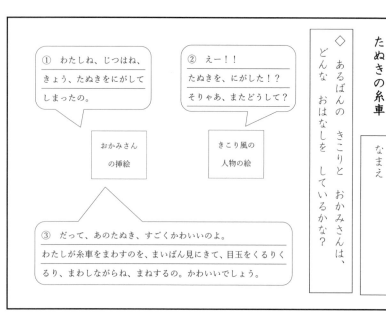

たぬきの糸車

なまえ

◇ あるばんの　きこりと　おかみさんは、どんな　おはなしを　していたかな？

① わたしね、じつはね、きょう、たぬきをにがしてしまったの。

おかみさんの挿絵

② えー！！たぬきを、にがした！？そりゃあ、またどうして？

きこり風の人物の絵

③ だって、

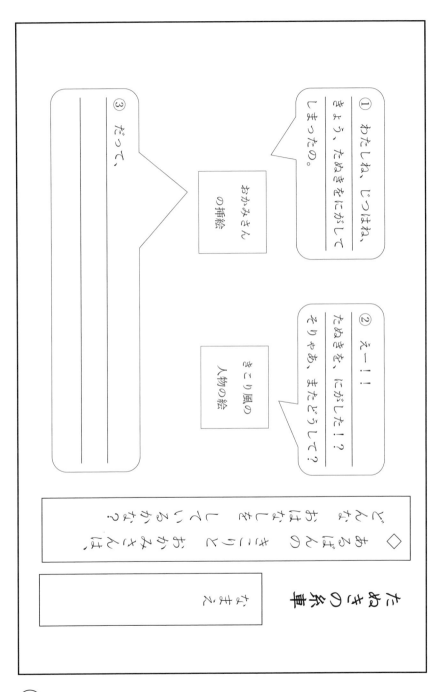

文学・2年

スイミー（光村）

教材タイプ：②
方法：スケーリングで表す

〈図解〉出来事と心情変化

【場面】	【内容】	【心情】
第一場面	かつての暮らし	明
第二場面	大きな魚の襲来	暗
第三場面	海の中の探検	明暗
第四場面	仲間の発見	明暗
第五場面	大きな魚を追い払う	明

出来事を通じて変化していくスイミーの心情に着目。

活用する場面と指導のねらい

活用する場面　第二次前半

指導のねらい　気持ちの変化

「明るさメーター」を用いて考えることで、スイミーの心情変化と出来事とが関係していることを理解させる。

① 教材の特性

タイプ②　複数の変化のきっかけがある教材

兄弟たちと楽しく暮らしていた生活が一変し、突然一人ぼっちになってしまうスイミー。しかし、海の中で出会ったたくさんのすばらしいものによって、その心情は明るい方向へと変化していきます。

「大きな魚」に襲われる前と後の心情の違い、「すばらしいもの」と出会っていく中で元気を取り戻していく様子、「小さな魚のきょうだいたち」を見つけ、協力して大きな魚を追い払う場面の勇気や賢さなどが、会話文や行動描写で表されている。

② 学習課題

スイミーの心を「明るさメーター」で表そう！

③ 板書例

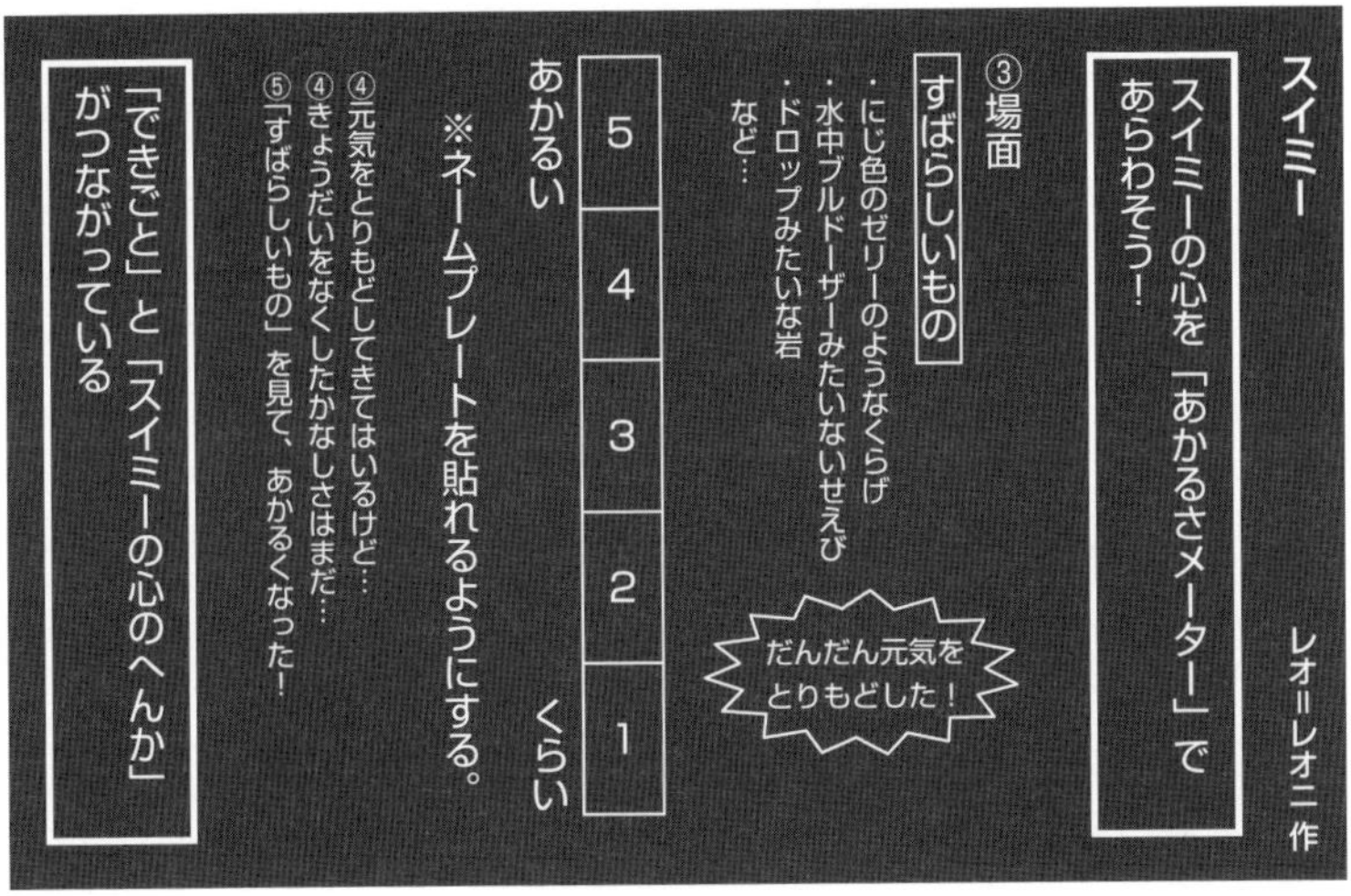
スイミー
レオ＝レオニ 作
スイミーの心を「あかるさメーター」で
あらわそう！
③場面
すばらしいもの
・にじ色のゼリーのようなくらげ
・水中ブルドーザーみたいないせえび
・ドロップみたいな岩
など…
だんだん元気をとりもどした！
あかるい
5
4
3
2
1
くらい
※ネームプレートを貼れるようにする。
④元気をとりもどしてきてはいるけど…
④きょうだいをなくしたかなしさはまだ…
⑤「すばらしいもの」を見て、あかるくなった！
「できごと」と「スイミーの心のへんか」

がつながっている

④ 展開例

❶導入
このお話の第三場面では，どんなことが書かれていましたか？
にじ色のゼリーのようなくらげ！ ドロップみたいな岩！
いろいろな海の生き物を見て，元気を取り戻したことが書いてあった！
❷展開1
では，第三場面で書かれていることをもとにして，スイミーの心を「明るさメーター」で表してみましょう。

明るさメーター!? 何だか面白そう…。

えーっ…，迷うなぁ。どれくらいかなぁ…。
❸展開2
意見が分かれましたね。理由を教えてください。
⑤です。やっぱりこんなにきれいなものを見たら，すごく元気になると思う。
私は④です。元気を取り戻したけど，それほど明るくはなってないと思います。
❹まとめ
物語の中で起こった出来事を合わせて考えていくと，登場人物の気持ちの変化を考えることができます。

第２場面では大きな魚におそわれたから，すごく暗かったな。

海の中でいろいろな生き物に出会ったから，明るくなってきたんだね。

スイミー

名前（　　　　　　　　）

◇「メーター」をつかってかんがえよう！

三ばめんのスイミーの心を「あかるさメーター」であらわそう。

【あかるさメーター】

あかるい				くらい
⑤	4	3	2	1

まぐろに、なかまたちが食べられてしまって、こわかったし、さびしかったし、かなしかったけど、にじ色のゼリーのようなくらげや、水中ブルドーザーみたいないせえびとか、見たこともない魚たちを見てすごく元気になってるから、5にした。ぼくもおちこんだときに、こんなけしきを見たらすごくあかるいきもちになると思った。

⑤ワークシートの活用例

❶〈展開1〉で左頁のワークシートを配付します。

❷考えを書く時間を、10分程度とります。

❸ワークシートを見せながら、ペアで意見交流します。

❹ペアでの交流が終わったところから、黒板にネームプレートを貼りに行って、全体で意見交流をします。

⑥活用のポイント

どの数値にするかを考える際には次のような言葉がけをするのがポイントです。**「どこからそう思うのか、教科書に書いてあることをもとにして考えましょう。」**

さらに、**「もし、自分がスイミーだったら…ということもあわせて考えられるとよいですね。」**という言葉がけをすることで、自分自身の経験や感覚にひきつけながら理由を書くことができます。

スイミー

名前（　　　　　　　　　　　　）

◇『メーター』をつかってかんがえよう！

三ばめんのスイミーの心を「あかるさメーター」であらわそう。

【あかるさメーター】

あかるい				くらい
5	4	3	2	1

文学・2年

お手紙（光村他）

教材タイプ：②
方法：一番を考える

①教材の特性

タイプ② 複数の変化のきっかけがある教材

物語の冒頭で「とてもかなしい」気持ちだった中心人物のがまくんが、最後には「とてもしあわせな」気持ちになります。心情の変化が捉えやすいというのが、この教材の最大の特性です。

そして、その心情の変化のきっかけをつくったのは、もう一人の中心人物かえるくんです。かえるくんの複数の行動や、彼に端を発するいくつかの出来事が、がまくんを「とてもしあわせ」な気持ちに変えたと考えられます。

②学習課題

四つの出来事の中で、がまくんが一番うれしかったのは？

〈図解〉四つの嬉しい出来事

がまくんが嬉しいのは…

①かえるくんがお手紙を出したことを打ち明けたところ
②かえるくんから、手紙の内容を聞くところ
③二人で手紙を待っているところ
④手紙を受け取るところ

＊四つのどの出来事も嬉しいはず！

活用する場面と指導のねらい

活用する場面 第二次前半

指導のねらい 心情変化のきっかけ

場面の様子を整理しながら、がまくんの心情を変化させた「きっかけ」とその理由について考えさせる。

③板書例

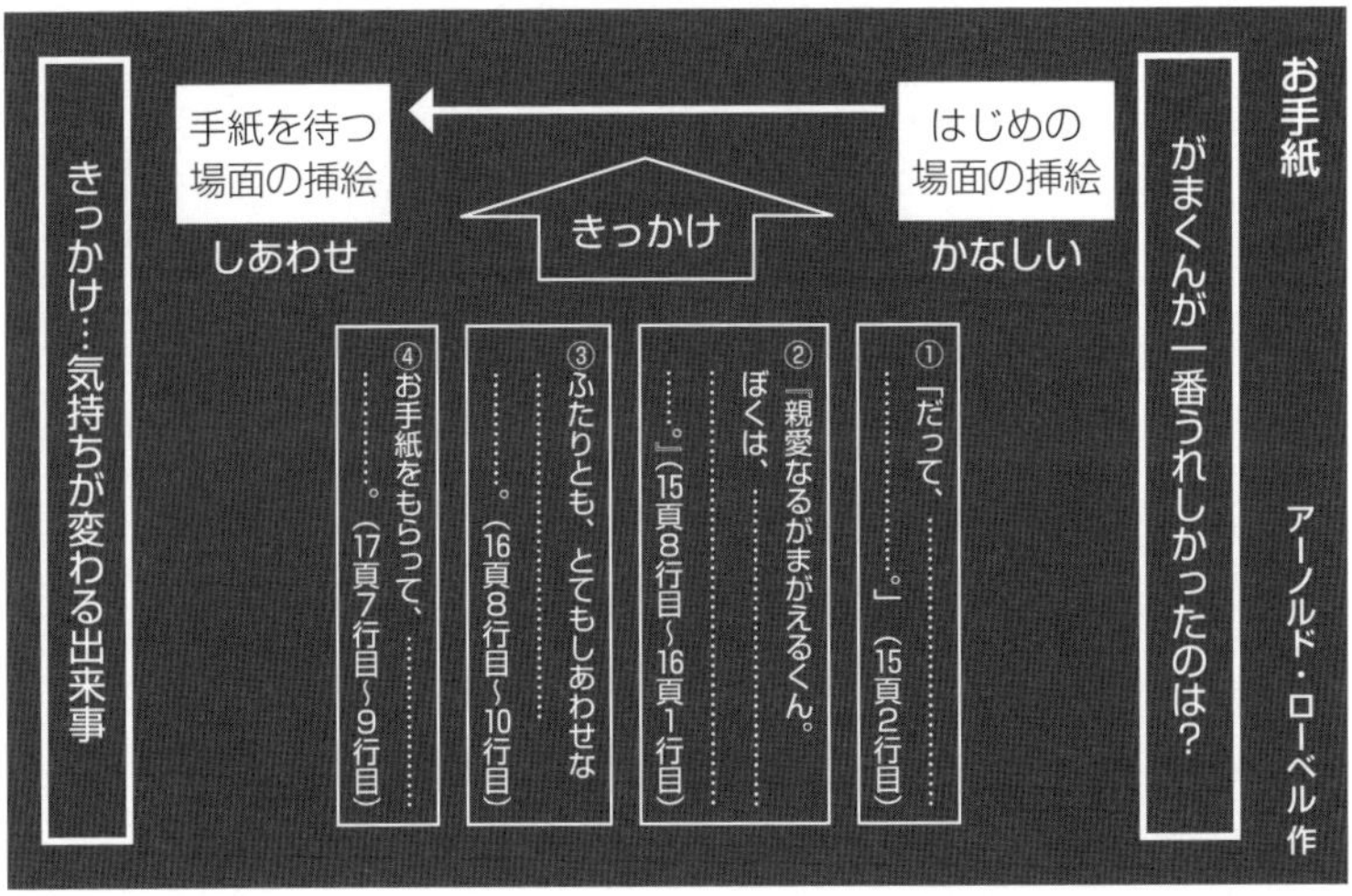
お手紙
アーノルド・ローベル作
がまくんが一番うれしかったのは？
はじめの場面の挿絵
かなしい
①「だって、…………。」（15頁2行目）
②『親愛なるがまがえるくん。ぼくは、…………。』（15頁8行目～16頁1行目）
③ふたりとも、とてもしあわせな…………。（16頁8行目～10行目）
④お手紙をもらって、…………。（17頁7行目～9行目）
きっかけ
手紙を待つ場面の挿絵
しあわせ
きっかけ…気持ちが変わる出来事

④展開例

❶導入
物語の最初と終わりに似ている絵があるね！どちらがどちらか，分かりますか…？
簡単です！二人の表情を見れば，すぐに分かります。
幸せそうなのが，終わりの絵です。がまくんにとって嬉しいことがありました。
❷展開1
先生が音読するので，がまくんが嬉しい気持ちになっているところで，拍手をしましょう。

オッケー！（手紙を待っているところと，もらったところだな！）

楽しそう！（手紙の内容を聞いたところで拍手をしよう。）
❸展開2
この四つの出来事で拍手が多かったね。一番嬉しかったと思うところに，マグネットを貼りましょう！

やっぱりぼくは，手紙を受け取った瞬間が一番だと思う！

一番は，手紙の内容を聞いたところです。書いてあることが嬉しかったと思う。
❹まとめ
気持ちが変わる出来事を「きっかけ」と言います。四つの出来事は，どれもがまくんの気持ちが変わるきっかけですね。

一番は人それぞれだけど，四つとも大切なきっかけなんだね！
②の手紙の内容もだけど，③の二人で待つ時間も嬉しかったんだね。

お手紙

名前（　　　　　　　　　　　　）

◇がまくんが　一ばん　うれしかったのは？

がまくんが　一ばん　うれしかったのは、

④ばんのとき　だと思います。

りゆう
がまくんは、お手紙がずっとほしくて、④ばんのとき
に、やっと、かたつむりくんから、お手紙をもらった
から、一ばんうれしかったと思います。

◇友だちの　話を聞いて　かんがえは　かわったかな？

（〇）かわった

（　）さいしょと　同じ

②ばんのとき　だと思います。

りゆう
さいしょは、お手紙をもらったときだと思ったけれど
友だちの話をきいて、お手紙の親友ということばが
すごくうれしかったと思うから、②にかえました。

⑤ワークシートの活用例

❶〈展開2〉で左頁のワークシートを配付します。

❷考えを書く時間を、5分程度とります。

❸ワークシートをもとに、意見を交流します。

❹全体での意見交流後に、考えは最初と同じか、それとも変わったかを再度ワークシートに記入させます。

⑥活用のポイント

教師が提示した①から④以外の箇所ではだめですか?という質問がある可能性があります。そのアイデアを価値付けた上で、「今日は、あなたの考えている部分と、一番近いものを選んでね。」と伝えます。四か所以外の部分（例えば、がまくんの「ああ。」など）を許容し始めてしまうと、意見が拡散しすぎてしまい、収拾がつかなくなってしまうためです。

お手紙

名前（　　　　　　　　）

◇がまくんが　一ばん　うれしかったのは？

がまくんが　一ばん　うれしかったのは、

□ばんのとき　だと思います。

りゆう

◇友だちの　話を聞いて　かんがえは　かわったかな？

（　）かわった

（　）さいしょと　同じ

□ばんのとき　だと思います。

りゆう

教材タイプ：①
方法：暗黙知を使う

文学・3年

ちいちゃんのかげおくり（光村）

① 教材の特性

タイプ① 出来事の繰り返しがある教材

冒頭と結末の二度の「かげおくり」が、とても印象的です。第一場面は「家族みんなで一緒にしたかげおくり」。一方、第四場面は、それとは対照的な、「一人ぼっちで、今にも命が消えようとする中でのかげおくり」です。

語り手が、中心人物「ちいちゃん」に寄り添って語っているため、私たち読者も、基本的にはちいちゃんに共感的に読み進めます。しかし、第四場面は、どうでしょうか。きらきら笑うちいちゃんに対し、読み手としては非常に悲しい思いにかられてしまいます。

② 学習課題

「かげおくり」をしているときのちいちゃんの心の色は?

〈図解〉かげおくりの相違点

第一場面の「かげおくり」
・家族全員が揃って
・幸せな生活
・兵士として出向く父
・空襲
・防空壕

⇕

第四場面の「かげおくり」
・一人で（実際に家族はいない）
・意識を失いかけながら

活用する場面と指導のねらい

活用する場面 第二次前半

指導のねらい 心情の変化

第一場面と第四場面の心の色を考え、比較する活動を通して、状況や感じ方の変化を対比的に捉えさせる。

③ 板書例

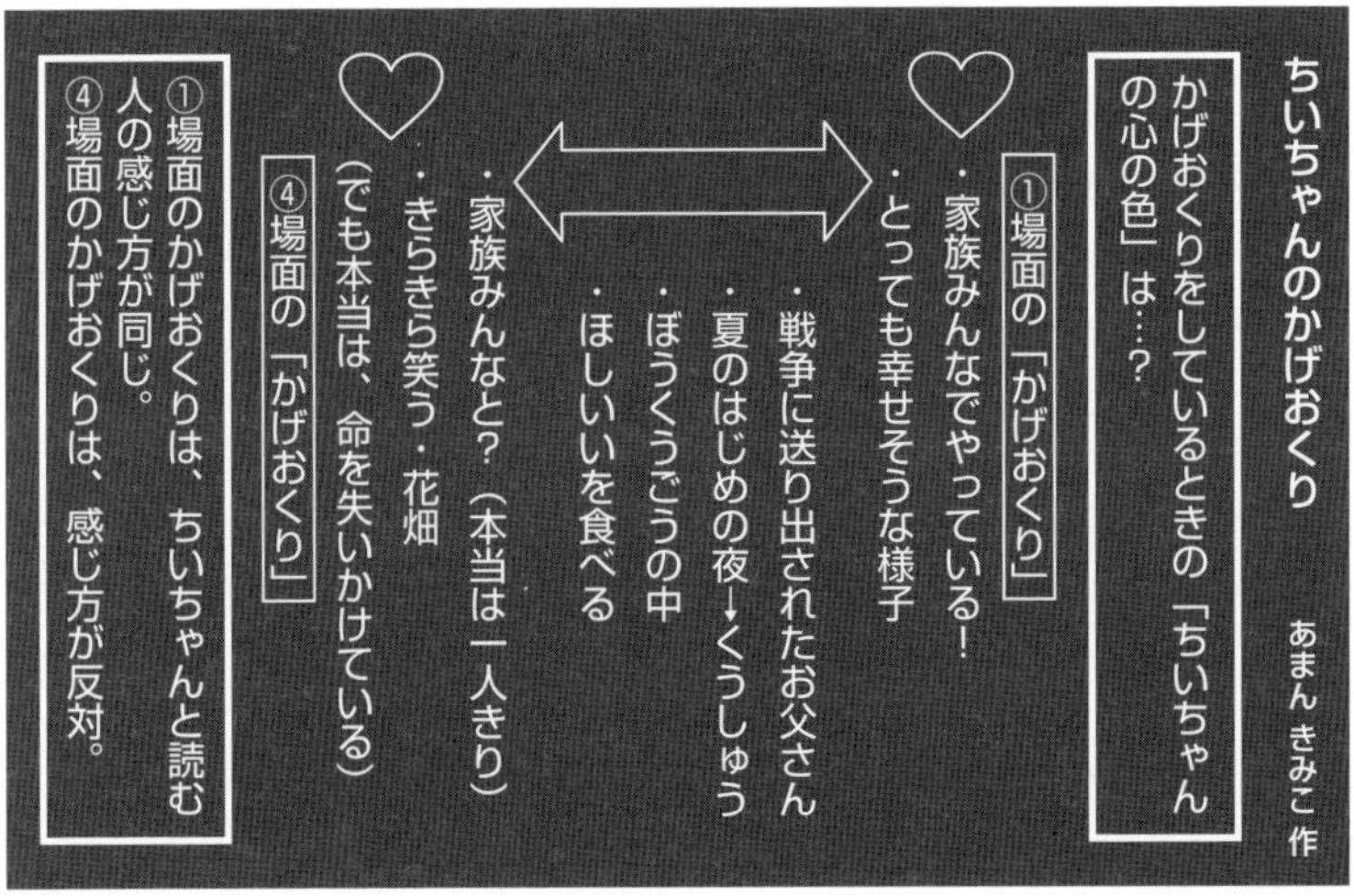

ちいちゃんのかげおくり
あまん きみこ 作
かげおくりをしているときの「ちいちゃんの心の色」は…？
①場面の「かげおくり」
・家族みんなでやっている！
・とっても幸せそうな様子
・戦争に送り出されたお父さん
・夏のはじめの夜→くうしゅう
・ぼうくうごうの中
・ほしいいを食べる
・家族みんなと？（本当は一人きり）
・きらきら笑う・花畑
（でも本当は、命を失いかけている）
④場面の「かげおくり」
①場面のかげおくりは、ちいちゃんと読む人の感じ方が同じ。
④場面のかげおくりは、感じ方が反対。

④ 展開例

❶導入
この物語の中には，同じ出来事が二回出てきますね。何でしょう？
「かげおくり」だと思います。
第一場面と第四場面に出てきます。
❷展開1
この二つの「かげおくり」は，“同じかげおくり”でしょうか？　それとも“違うかげおくり”でしょうか？

「かげおくり」をしているというところは同じかもしれないけど，「違う」と思います。

最初は，家族みんなでできているけど，後の方は，ちいちゃんだけで…。
❸展開2
第四場面の，かげおくりをしている「ちいちゃんの心の色」を，自分なりに表してみましょう。

私は「青色」にしました。一人ぼっちの悲しいかげおくりだからです。

ぼくは「黄色」。ちいちゃんは，きらきら笑って幸せそうだからです。
❹まとめ
どっちも，かげおくりをしている場面だけど…。④の場面は，ちいちゃんと読む人で感じ方が全然違うのですね。

ちいちゃんは両方とも，幸せそうな感じで書かれているね。

ちいちゃんの感じ方と，読む人の感じ方は，真逆だね。

ちいちゃんのかげおくり

名前（　　　　　　　　）

◇かげおくりをしている時のちいちゃんの心の色を考えよう！

②場面のかげおくりをしている時と④場面のかげおくりをしている時のちいちゃんの心の色を考えよう。

【①場面のかげおくり】

家族といっしょに楽しそうに、幸せそうにして、あたたかい気持ちになっていると思ったので、黄色にした。

【④場面のかげおくり】

また家族といっしょにかげおくりをすることができていると感じているけど、意しきがはっきりしていなくて、苦しさも感じていると思うから、青色にした。

⑤ワークシートの活用例

❶〈展開1〉で左頁のワークシートを配付します。

❷考えを書く時間を、10分程度とります。

（色を塗る分を考えて時間を多めにとります。）

❸ワークシートを見せながら、班で意見交流します。

❹スクリーンに投影しながら全体で交流します。

⑥活用のポイント

ハートに色を塗る際には、**児童の実態によって塗り方を指定する**のがよいでしょう。単色で塗るように限定した場合、微妙な心の揺れ動きまで表現することは難しいのですが、分かりやすく示すことができます。

逆に、複数の色で塗ることを指示した場合は、微妙なところまで表現することはできますが、作業の時間が増え、内容が複雑になってしまうという難点があります。

ちいちゃんのかげおくり

名前（　　　　　　　　　　）

◇かげおくりをしている時のちいちゃんの心の色を考えよう！

①場面のかげおくりをしている時と④場面のかげおくりをしている時のちいちゃんの心の色を考えよう。

【①場面のかげおくり】

【④場面のかげおくり】

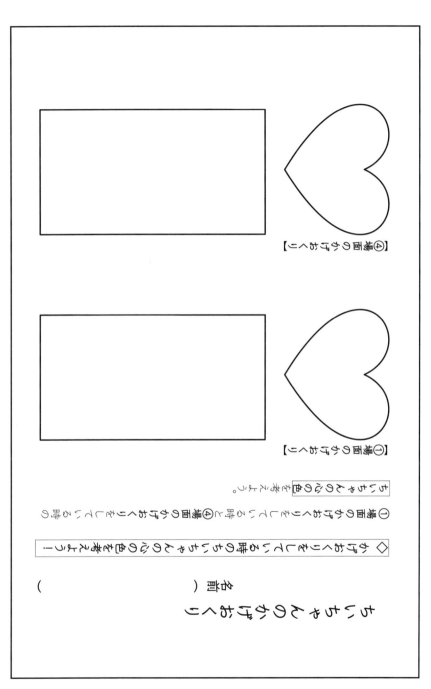

文学・3年

モチモチの木（光村）

教材タイプ：⑨
方法：視点を変える

① 教材の特性

タイプ⑨ 語り手が寄り添う視点が変化する教材

三人称で語る語り手は、第二場面以降は視点人物である豆太に寄り添っていることが分かります。しかし、第一場面については、実はそうではなく、語り手の客観的な視点で語っていると考えられます。

豆太の人物像もユニークです。昼と夜でモチモチの木に対しての態度が変わることや、じさまが元気になるとまたしょんべんに起こすところなどが、豆太の、そしてこの作品の面白いところですね。

② 学習課題

豆太はどんな子？

〈図解〉語りの視点

第一場面

全く、豆太ほどおくびょうなやつはない。

＊これは誰の視点か？ ↓ 語り手

実は第一場面では、語り手は豆太に寄り添っていない（第二場面以降は、豆太に寄り添っている）。

活用する場面と指導のねらい

活用する場面　第二次後半

指導のねらい　**立場による違い**

第一場面の豆太を、別の立場から捉えることを通し、立場による感じ方の違いがあることに気付かせる。

③板書例

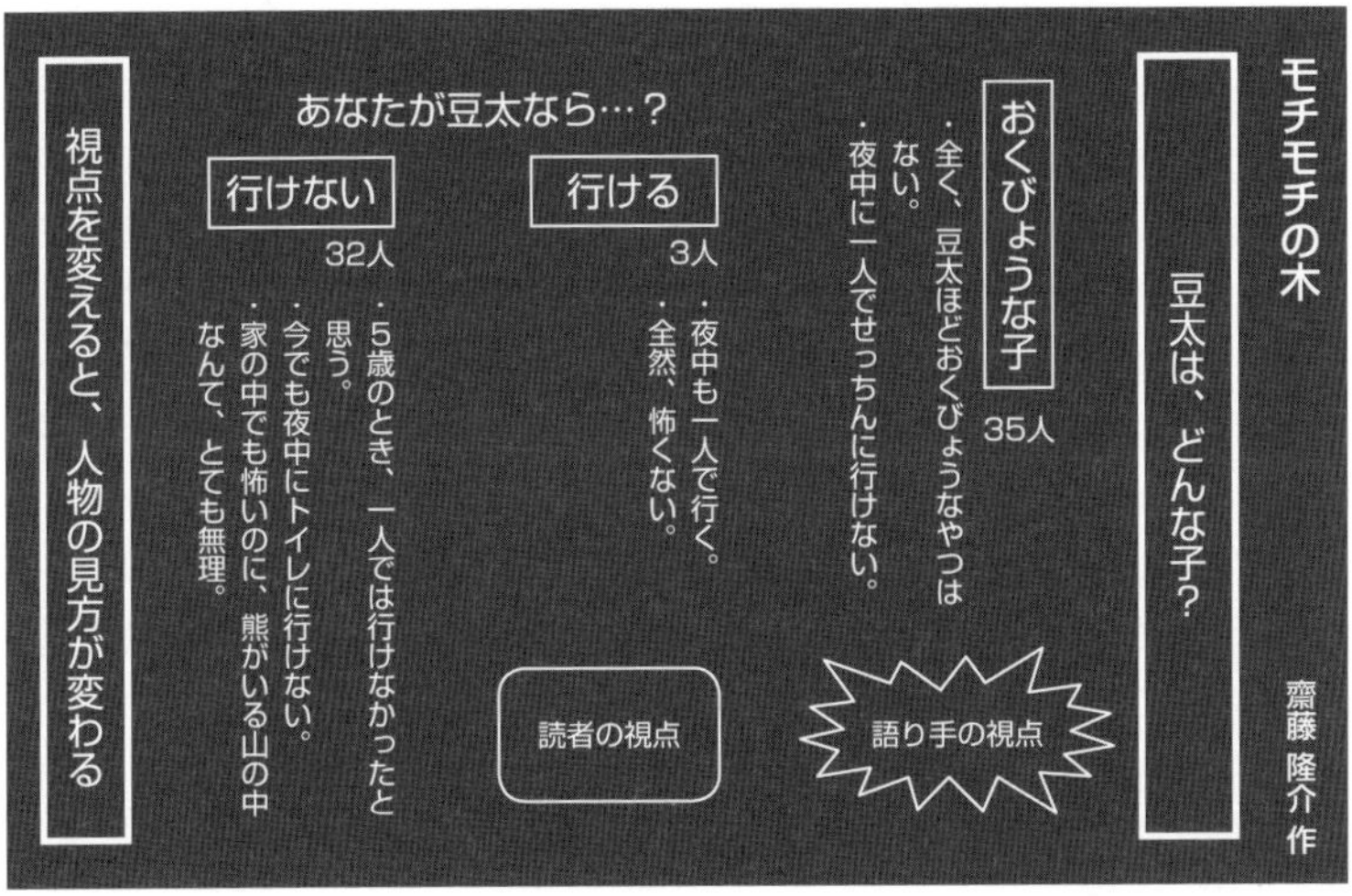
モチモチの木
齋藤 隆介 作
豆太は、どんな子?
おくびょうな子
35人
・全く、豆太ほどおくびょうなやつはない。
・夜中に一人でせっちんに行けない。
語り手の視点
あなたが豆太なら…?
行ける
3人
・夜中も一人で行く。
・全然、怖くない。
読者の視点
行けない
32人
・5歳のとき、一人では行けなかったと思う。
・今でも夜中にトイレに行けない。
・家の中でも怖いのに、熊がいる山の中なんて、とても無理。
視点を変えると、人物の見方が変わる

④展開例

❶導入
最初の場面「おくびょう豆太」を読んでいきます。豆太って，どんな子ですか?
もちろん，臆病な子です。一人でせっちんに行けないし。
同じです。豆太ほど，臆病なやつはないって書かれています。
❷展開1
確かに，夜中に一人でせっちんに行けないなんて臆病ですね。みんななら，行けますか?

えっ…。行けないかも。5歳のときは，夜一人でトイレに行けなかった…。

夜中にトイレ…。家の中でも一人で行けないのに，熊がいる山の中では無理。
❸展開2
あれれ?（笑）ではもう一度聞きますが，豆太はどんな子ですか?

えーっと…じさまのことが大好きな子…かな!

おとうを亡くして，じさまと二人山奥に暮らす子です!
❹まとめ
立場や視点を変えると，見方が変わりますね。豆太のことを「おくびょう」だと思っているのは，誰なのでしょう?

語り手です。ぼくも，最初は，語り手の言葉をそのまま受け取っていました。

語り手の視点で書かれていたんだ。自分の立場から考えると，見方が変わるね。

モチモチの木

名前（　　　　　　　　）

◇あなたが豆太なら…？

夜中に一人で、せっちんに、（ 行ける ・ **行けない** ）

理由

よく考えたら、ぼくも、五才くらいのとき、夜中にトイレに行くのがこわかった。いまでも、時々、こわくて、お母さんについていってもらうことがある。

しかも、くまが出る山だったら、一人では行けないと思う。

◇豆太は、どんな子？

豆太は、（じさまのことが大すきであまえんぼう）な子

理由

じさまのことが大すきで、いつもあまえているから。

豆太ほど、おくびょうなやつはいないと書かれているし、もう五つにもなったのに、夜中に一人でせっちんに行けないなんて、豆太はおくびょうだと思っていたけれど、それはふつうのことだから。

〈学習感想〉

さいしょは、豆太のことを、おくびょうだと思っていました。でも、よく考えてみたら、豆太はまだ五才だし、おくびょうとは言えないとも思えました。おくびょうだと言っているのは、語り手だと分かりました。

⑤ワークシートの活用例

❶〈展開1〉で左頁のワークシートを配付します。

❷記入のタイミングは、〈展開1〉と〈展開2〉です。考えを書く時間は、それぞれ5分程度とります。

❸最後に、学習感想を記入させます。

⑥活用のポイント

〈導入〉では、豆太は臆病な子だと、多くの子どもたちが思っていたはずなのに、「自分なら、行ける？」と豆太と同じ目線で考えさせたとたんに考えが変わるところが面白い部分です。十分に揺さぶってから、ワークシートの記入に移ります。学習感想は、日頃から継続的に書かせることで、内容の質が上がっていきます。ポイントは、書く観点を示すことです。例えば、特にいいと思った友達の意見、今日の授業で分かったこと、次の授業で考えてみたいことなどです。

第1章

第2章

第3章

第4章

モチモチの木

名前（　　　　　　　　）

◇あなたが豆太なら…？

夜中に一人で、せっちんに（行ける・行けない）

理由

◇豆太は、どんな子？

豆太は、（　　　　　　　）な子

理由

〈学習感想〉

文学・4年

ごんぎつね（光村他）

教材タイプ：⑤
方法：比べて考える

〈図解〉主要人物の関係性

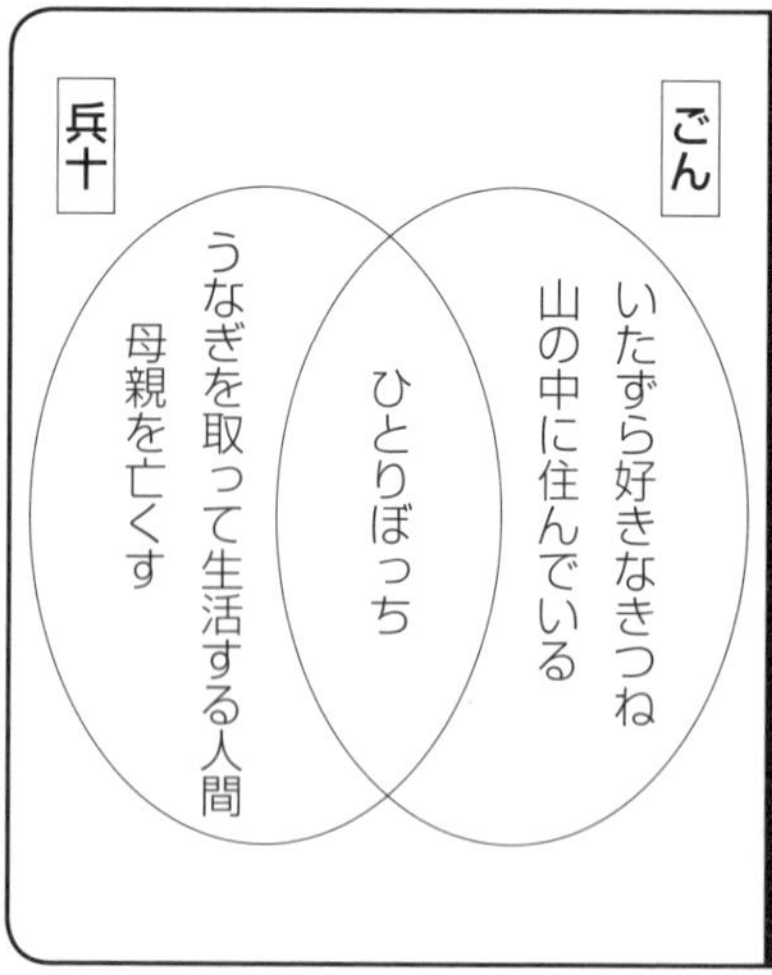

活用する場面と指導のねらい

活用する場面　第二次前半

指導のねらい　**人物像を捉える**

「ごん」と「兵十」を比較する活動を通して人物像を捉え、物語が展開する要因となった境遇について考える。

① 教材の特性

タイプ⑤　複数の人物が登場する教材

長年に渡って全ての教科書会社の教科書に掲載されている、日本人なら知らない人はいないほどの教材です。悲劇的な結末であることが印象的ですが、作品が語り継がれた物語であることにも目を向けることが必要です。

また、作品は、中心人物である「ごん」の視点から語られていますが、最終場面の一部に、「兵十」の視点に切り替わる部分があります。

② 学習課題

「ごん」と「兵十」の共通点と相違点は何だろう?

③板書例

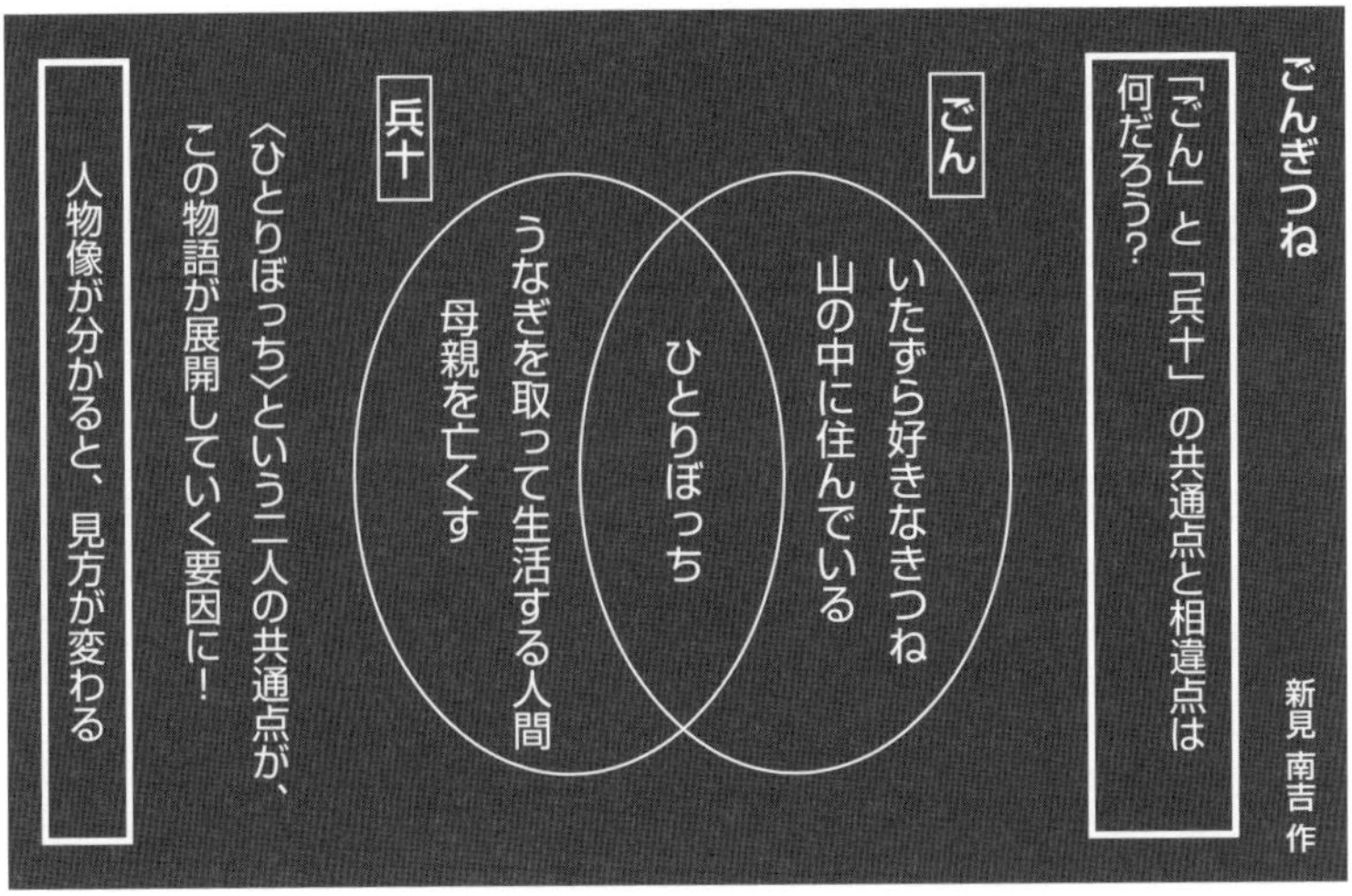
ごんぎつね
新見 南吉 作
「ごん」と「兵十」の共通点と相違点は何だろう？
ごん
いたずら好きなきつね
山の中に住んでいる
ひとりぼっち
うなぎを取って生活する人間
母親を亡くす
兵十
〈ひとりぼっち〉という二人の共通点が、この物語が展開していく要因に！
人物像が分かると、見方が変わる

④展開例

❶導入
この物語に出てくる主な登場人物を挙げるとすれば，誰ですか？
「加助」は，主な登場人物でもないかな。
「ごん」と「兵十」です！やっぱりこの二人が物語には欠かせない。
❷展開1
では，「ごん」と「兵十」二人を比べてみましょう。共通点と相違点は何だろう？

二人に共通するのは，「ひとりぼっち」だ！

「ごん」はいたずら好きな小ぎつねで，「兵十」は，うなぎをとって生活する人です。
❸展開2
二人の共通点と相違点の中で，この物語を読んでいく上で，キーワードになる言葉は何でしょう？

「ひとりぼっち」だったから，ごんは兵十の気持ちが分かったと思う。

「ひとりぼっち」です。この共通点があったから，お話が進んだと思うからです。
❹まとめ
人物像を捉えることで，作品の読み方が変わってくるものですね。

「ごん」と「兵十」には，共通点があったんだ。

人物像を捉えるって，物語を読むときに大切なんだね。

ごんぎつね

名前（　　　　　　　　）

◇主な登場人物をくらべて考えよう！

兵十とごんをくらべてみよう。どこが同じで、どこがちがうのだろう？

兵十とごんの〈共通点《きょうつうてん》〉

・住んでいるところは、はなれているけど、同じ地いきでくらしている。
・ひとりぼっち
・どちらも男

兵十とごんの〈相違点《そういてん》〉

・兵十もごんも家族がいないけど、兵十には友だちがいる。
・ごんは「いたずら好きな小ぎつね」で、兵十は「うなぎを取って生活している人間」
・ごんはもともとひとりぼっちで、兵十は、物語のと中で母親が死んでしまう。

【キーワード】
ひとりぼっち…兵十がひとりぼっちになってしまったことを知るまでは、いたずらばかりしていたけど、ひとりぼっちだと知ってからは、つぐないをするようになった。

⑤ワークシートの活用例

❶〈展開1〉で左頁のワークシートを配付します。
❷考えを書く時間を、８分程度とります。（気付いたことをたくさん書かせるようにします。）
❸ワークシートを見せながら、ペアで交流します。
❹多くの児童が発表できるように、全体で交流します。

⑥活用のポイント

意欲的に取り組ませ、たくさん書き出す工夫として、目標を設定することも方法の一つです。「〇分以内に〇個見つけましょう。」など、単調な作業感覚で行うのではなく、**楽しく取り組むことができる雰囲気をつくること**も大切です。また、勝手な想像で考えるのではなく、叙述に基づいて考えさせるためにも、**「もう一度読み直しながら考えましょう。」**といった指示も重要です。

ごんぎつね

名前（　　　　　　　　　　　　）

◇主な登場人物をくらべて考えよう

兵十とごんをくらべてみよう。どこが同じで、どこがちがうのだろう？

兵十とごんの〈共通点《きょうつうてん》〉

兵十とごんの〈相違点《そういてん》〉

【キーワード】

教材タイプ：④
方法：比べて考える

文学・4年

一つの花（教出）

① 教材の特性

タイプ④　時代の変化がある教材

戦時中の出来事を描いた作品（「ちいちゃんのかげおくり」や「川とノリオ」等）の多くは、最後の場面が、戦争が終わった後や現代の場面となっていることが多いという特徴があります。本作品も同様で、最後の場面は、前の場面の十年後が描かれています。

語り手は、特定の人物に寄り添わず、三人称で作品を語っています。しかし、作品の中心は幼いゆみ子で、ゆみ子への両親の深い愛情が一つのテーマとなっています。

〈図解〉時代が変わる場面展開

第一場面から第三場面…【戦時中】
①家の中での様子
②駅に着くまでの様子
③プラットホームでの様子

大きな変化

第四場面…【戦後】
④十年後の様子

② 学習課題

第四場面は、あった方がよい？　なくてもよい？

活用する場面と指導のねらい

活用する場面　第二次後半
指導のねらい　対比の効果
作品の最後である第四場面で、現代の様子が描かれていることによる効果について気付かせる。

③ 板書例

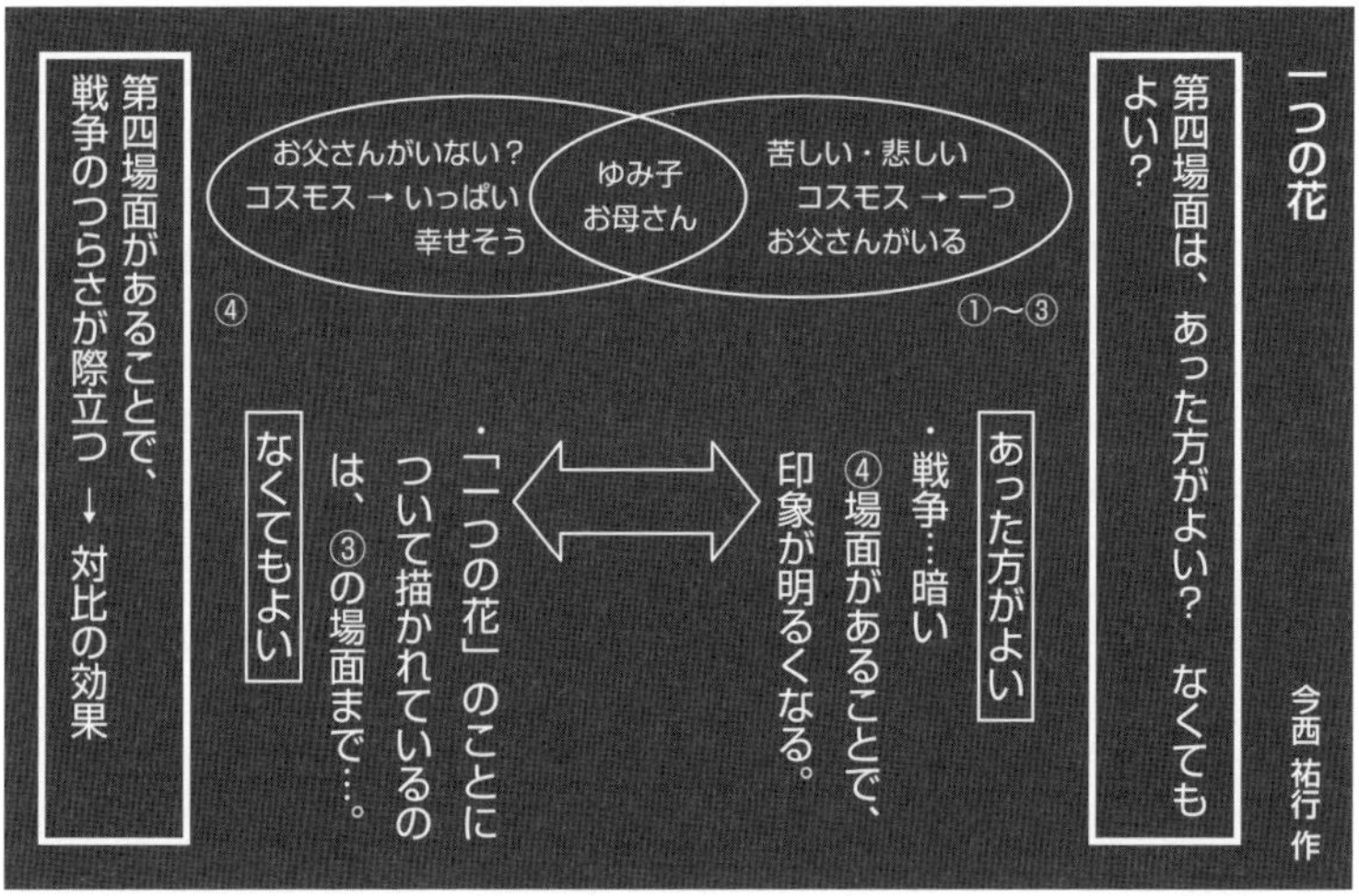

一つの花
今西 祐行 作
第四場面は、あった方がよい？ なくてもよい？
苦しい・悲しい
コスモス → 一つ
お父さんがいる
ゆみ子
お母さん
お父さんがいない？
コスモス → いっぱい
幸せそう
①～③
④
あった方がよい
・戦争…暗い
④場面があることで、印象が明るくなる。
・「一つの花」のことについて描かれているのは、③の場面まで…。
なくてもよい
第四場面があることで、戦争のつらさが際立つ → 対比の効果

④ 展開例

❶ 導入
この物語を大きく二つに分けるとしたら，どこで分けますか？
第三場面と第四場面の間かな！
戦時中と戦後に分けられるから，第三場面と第四場面の間です。
❷ 展開1
分けた二つを比べてみよう。違うところと同じところはどこでしょう？

コスモスの花の様子が大きく違うと思う。どちらもゆみ子が出てくるけどね。

一番の違いは，「戦時中」と，「戦後」ということだと思います。
❸ 展開2
作品の中心的な内容は，戦争だよね。だとしたら，最後の第四場面は戦争後だから，なくてもいいんじゃないかな？

あった方がいいです。第四場面があるから，平和の大切さが分かると思います。

あった方がいいです。第四場面があるから，作品が明るく終わっています。
❹ まとめ
第四場面があるからこそ，戦争の悲惨さが際立つんですね。対比することの効果ですね。

今の時代のことと対比することで，戦争中のことが余計に辛く感じるね。

比べて考えてみて，第四場面があることのよさを感じました。

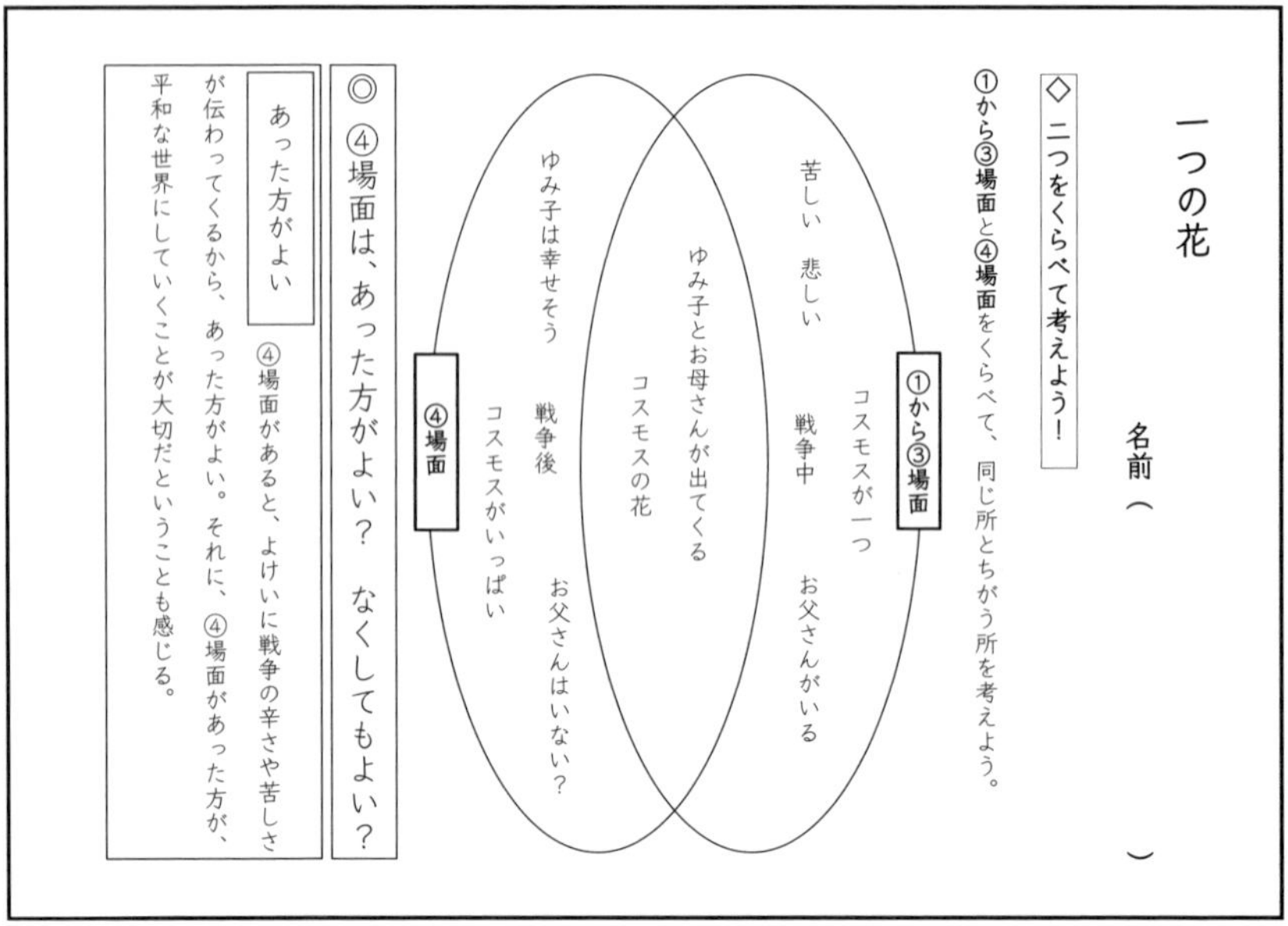

⑤ワークシートの活用例

❶〈展開1〉で左頁のワークシートを配付します。
❷5分ほど時間をとり、共通点と相違点を書きます。全体で交流し、考えを共有します。
❸5分ほど時間をとり、発問に対する考えを書きます。
❹クラス全体で意見交流をします。

⑥活用のポイント

指導のねらいである「対比の効果」につなげるためには、〈効果〉に着目させることがポイントになります。次のような言葉がけをするのがよいでしょう。

☆「あることによる〈効果〉、ないことによる〈効果〉を考えながら書きましょう。」

考えるのが難しい場合には、「④場面があることで～」といった書き出しを与えるのも手です。

一つの花

名前（　　　　　　　　　　　）

◇二つをくらべて考えよう！

①から③場面と④場面をくらべて、同じ所とちがう所を考えよう。

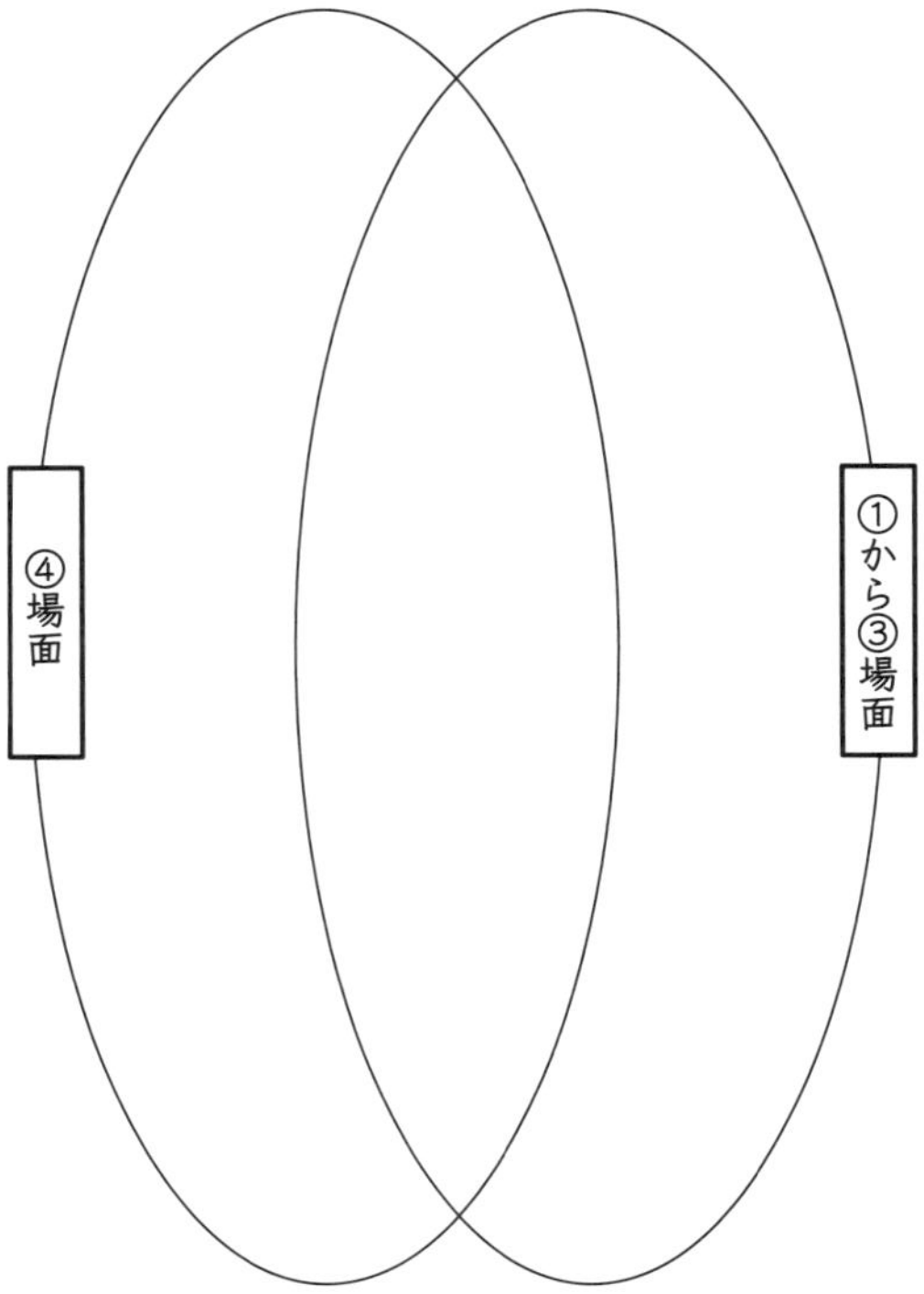

◎

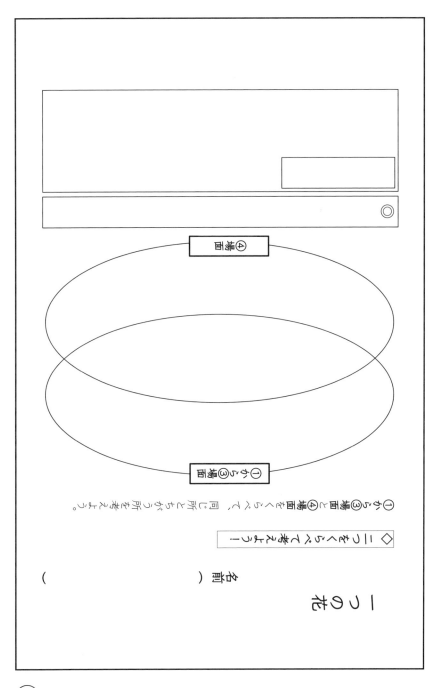

教材タイプ：①
方法：ランキング付けをする

文学・5年

大造じいさんとガン（光村他）

①教材の特性

タイプ① 出来事の繰り返しがある教材

中心人物である大造じいさんと残雪との戦いの様子が、三度繰り返し描かれています。そして、三度の戦いのそれぞれの場面では、戦いの前後の大造じいさんの心情が、情景描写や行動描写、会話文、心情表現などで表現されています。

ここで注目したいのは、作戦①及び作戦②の前後には心情の変化があまりないのに対し、作戦③の前後の心情は、大きく変化しているという点です。

②学習課題

成功させたい作戦ランキングとがっかりした作戦ランキングは？

〈図解〉三度の戦い前後の心情

作戦① ウナギつりばり作戦
前 いまいましい・たかが鳥
後 感嘆
作戦② タニシばらまき作戦
前 目にもの見せてくれる
後 「ううん」とうなってしまう
作戦③ おとり作戦
前 ひとあわふかせてやる
後 晴れ晴れ・ガンの英雄

活用する場面と指導のねらい

活用する場面 第二次後半
指導のねらい 心情を表す表現

心情の変化を捉えさせるとともに、情景描写などの心情を読み取る際の根拠となる表現を理解させる。

③板書例

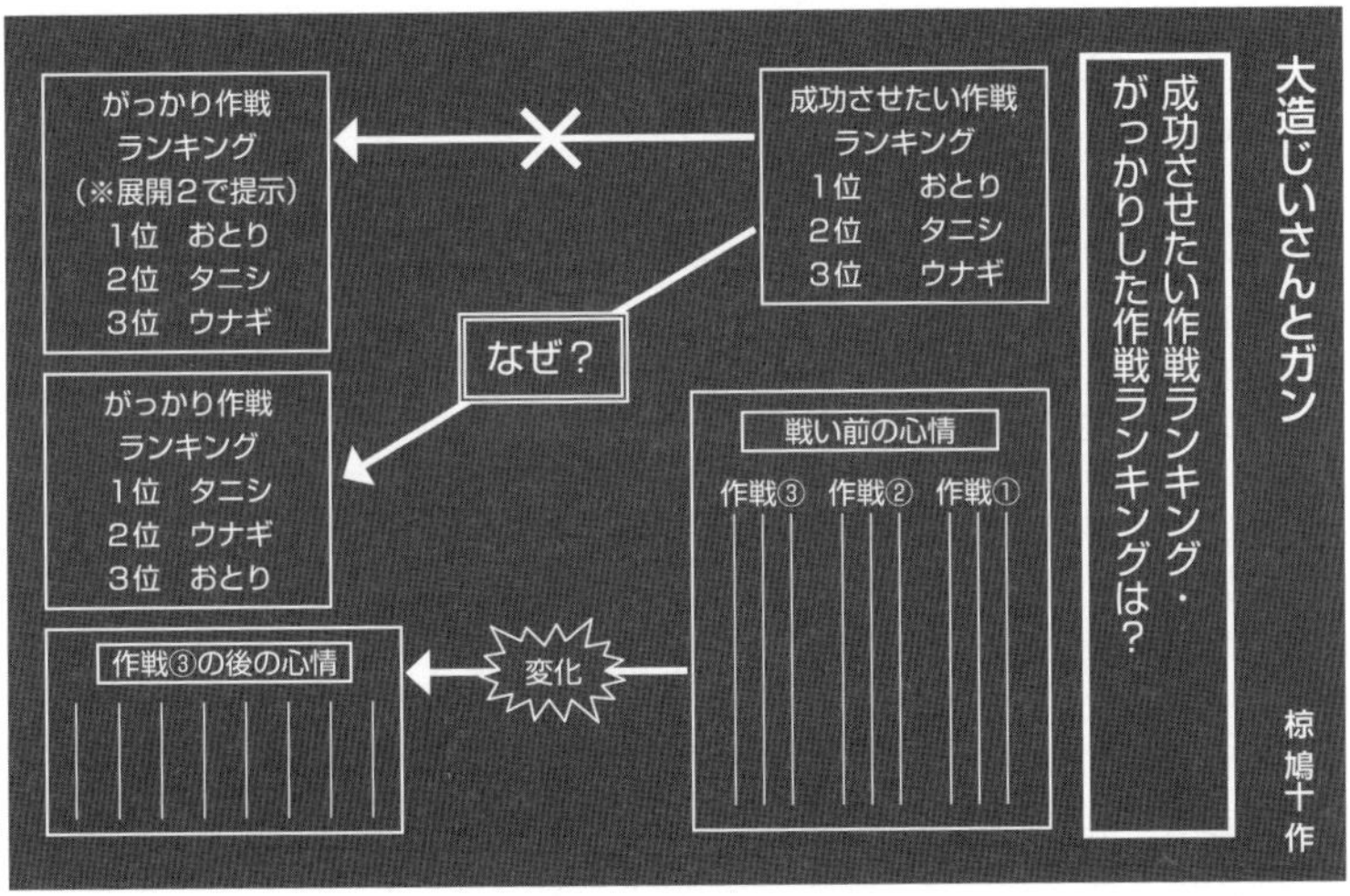
大造じいさんとガン
成功させたい作戦ランキング・
がっかりした作戦ランキングは？
椋鳩十作
成功させたい作戦
ランキング
1位　おとり
2位　タニシ
3位　ウナギ
がっかり作戦
ランキング
（※展開2で提示）
1位　おとり
2位　タニシ
3位　ウナギ
なぜ？
がっかり作戦
ランキング
1位　タニシ
2位　ウナギ
3位　おとり
戦い前の心情
作戦③　作戦②　作戦①
変化
作戦③の後の心情

④展開例

❶導入
大造じいさんが成功させたかった作戦ランキングはどうなるかな？
1位はおとり作戦だね。二年間もガンを飼育したんだもん！
「ひとあわふかせてやる」という会話文や，情景描写から，強い気持ちを感じます！
❷展開1
それでは…

がっかりした作戦ランキングはどうなりますか？

ウナギ作戦は，2位かな。感嘆の声は，がっかりというよりも驚いた感じ。

「ううん」とうなってしまったから，タニシ作戦が1位かな。
❸展開2
普通…成功させたい気持ちが強ければ，失敗のがっかりも大きいよね？　ランキングも，この順位ではないの？

おとり作戦の後，残雪を「ガンの英雄」と呼んでいるし，がっかりはしていないかな。

確かに…でも，おとり作戦の後の大造じいさんは，「晴れ晴れした顔つき」です。
❹まとめ
あれだけ成功させたい思いが強かったのに，おとり作戦の後，がっかりしていないのはどうしてかな？

残雪の頭領らしさ，優しさや勇気を知って，気持ちが変わったのかな。

命をかけて仲間を助けようとする残雪の姿に感動したんだね。

大造じいさんとガン

名前（　　　　）

◇大造じいさんの、成功させたい作戦ランキングは？

成功させたい作戦ランキング	
1位	おとり作戦
2位	タニシばらまき作戦
3位	ウナギつりばり作戦

上の順位にした理由

ウナギつりばり作戦、タニシばらまき作戦と、二回失敗しているから、今度こそ成功させたいと思っているはず。おとりのガンを２年間育てた苦労もあるから、１位。タニシを五俵も集めるのは、本当に本当に大変。それだけ成功させたい思いが強かったと思うから、２位。

（　がっかりした　）作戦ランキング	
1位	タニシばらまき作戦
2位	ウナギつりばり作戦
3位	おとり作戦

☆ 残雪の、頭領らしさや、仲間を助ける優しさを知って、気持ちが変わったと思う。自分の命をかけてまで、仲間を守ろうとする姿に、感動したと思います。

⑤ワークシートの活用例

❶〈導入〉で左頁のワークシートを配付します。ここでは、記入する量が多いため、10分程度時間をとります。

❷〈展開1〉で、二つ目のランキングを記入させます。

❸〈まとめ〉で、☆印の部分に、「おとり作戦でがっかりしていないのは、なぜか？」に対する考えを書かせます。

⑥活用のポイント

本時のねらいの達成のためには、ランキングの順位を考えた理由の交流において、「行動描写」や「情景描写」、「会話文」などの根拠となる表現が、子どもの発言に含まれるようにすることが重要です。それらの表現を取り上げられるように、〈導入〉で記入するランキングの理由の部分には、本文の叙述も根拠として書くように指導します。

大造じいさんとガン

名前（　　　　　　　　）

◇大造じいさんの、成功させたい作戦ランキングは？

成功させたい作戦ランキング
1位
2位
3位
上の順位にした理由

（　　　　　）作戦ランキング
1位
2位
3位

☆

第1章
第2章
第3章
第4章

文学・5年

わらぐつの中の神様（光村）

教材タイプ：②
方法：記号で表す

① 教材の特性

タイプ②　複数の変化のきっかけがある教材

現在―過去―現在という、「額縁構造」をもった作品です。「現在」の部分での中心人物は「まさえ」、「過去」では「おみつさん」です。過去の話が伏線となり、「おみつさんは、おばあちゃんのことだと気付く」という構造が作品の面白さを生んでいます。

過去の部分では、おみつさんと大工さんが、わらぐつを通して心を通わせていく様子が描かれています。再び現在に戻った場面では、「神様」という言葉が、作品の主題にもつながるような象徴的な意味で使われています。

② 学習課題

二人の関係を表すのに、どれが一番ふさわしいですか？

〈図解〉額縁構造と二人の関係

現在　**「わらぐつ」の話題**
◎こたつを囲んで…おばあちゃんの話

過去　**おみつさんと大工さんの恋愛**
◎「わらぐつ」をめぐる二人の関係の変化

現在　**おじいちゃんの帰宅と雪下駄**
◎雪下駄にも神様が宿っているのかも…

現在にはさまれている＝額縁に囲まれた絵のようであることから → **額縁構造**

活用する場面と指導のねらい

活用する場面　**第二次前半**

指導のねらい　**登場人物の相互関係**

おみつさんと大工さんの関係性を記号を用いて考える中で、関係の変化や心情の変化を捉えさせる。

③ 板書例

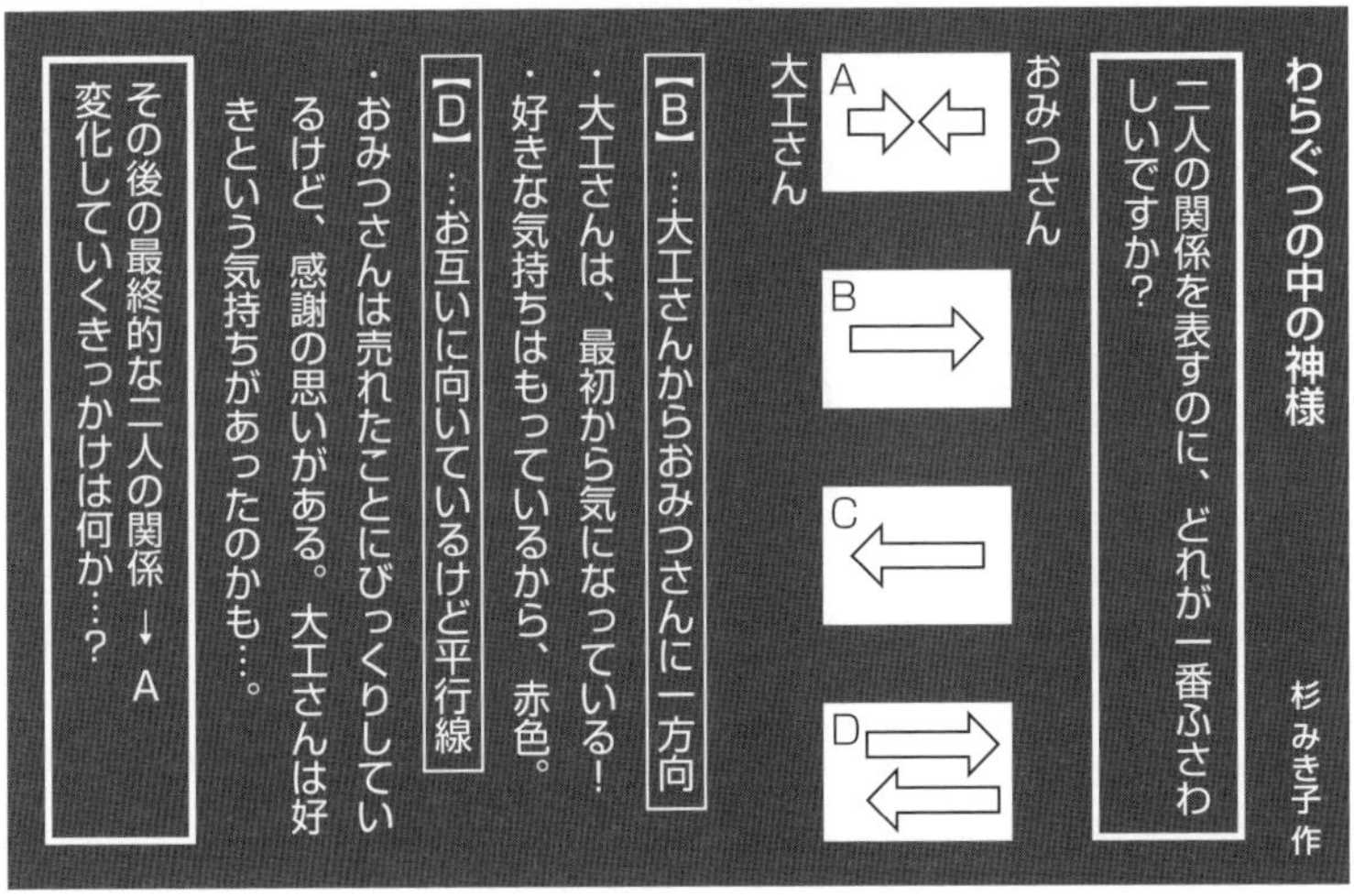
わらぐつの中の神様
杉 みき子 作
二人の関係を表すのに、どれが一番ふさわしいですか？
おみつさん
A
B
C
D
大工さん
【B】…大工さんからおみつさんに一方向
・大工さんは、最初から気になっている！
・好きな気持ちはもっているから、赤色。
【D】…お互いに向いているけど平行線
・おみつさんは売れたことにびっくりしているけど、感謝の思いがある。大工さんは好きという気持ちがあったのかも…。
その後の最終的な二人の関係→A
変化していくきっかけは何か…？

④ 展開例

❶ 導入
過去の話での主な登場人物と言えば，おみつさんと大工さん。最終的に二人はどうなった…？
大工さんがプロポーズをして，二人は結ばれました！
もう一度現在に戻ったところを読めば分かります。二人は結婚しました。
❷ 展開1
最終的には結ばれた二人でしたが…初めて出会ったときは，二人の関係は，A～Dのどれだったと思いますか？

ぼくはDです。おみつさんも，大工さんに興味はもっている様子だから。

私はBだと思います。最初は大工さんしか気持ちが向いていなかったと思います。
❸ 展開2
もしあなたが選んだ矢印に色を付けるとしたら，何色で塗りますか？

大工さんは赤，おみつさんは青にしました。おみつさんはびっくりしていると思うからです。

赤です。大工さんは，最初からおみつさんのことが気になっているようだからです。
❹ まとめ
その後，二人の関係は，Aのようになっていきます。何がきっかけで変化していったのでしょうか…。次の時間に話し合いましょう！

やっぱり，おみつさんのわらぐつを作る姿勢がよかったんだよ。

大工さんのプロポーズの言葉が響いたんじゃないかな。

わらぐつの中の神様

名前（　　　　　　　）

◇登場人物どうしの関わりについて考えよう！

おみつさんと大工さんが初めて出会ったときの心の様子を**記号**で表そう。

【おみつさん】

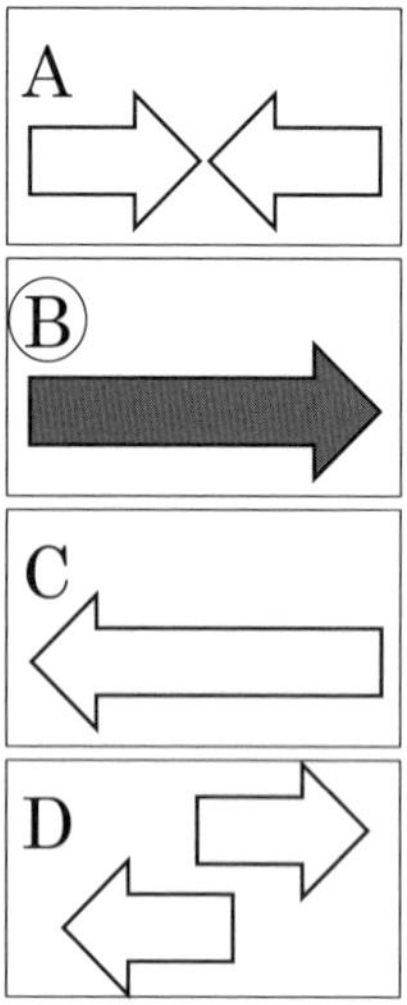

【大工さん】

最初の出会いの時には、大工さんからしか気持ちが向いていなかったと思ったので、「B」にした。
なぜ赤色でぬったかというと、大工さんはおみつさんに一目ぼれをしていたから。おみつさんに向いている気持ちは「こい心」だと思ったので、好きという気持ちを表すという意味で赤色を使った。

⑤ワークシートの活用例

❶〈展開1〉で左頁のワークシートを配付します。

❷考えを書く時間を、８分程度とります。

（色を塗ることも考慮して時間を設定します。）

❸同じ考えを見つける目的を与えて自由に交流します。

❹スクリーンに投影しながら全体で意見を交流します。

⑥活用のポイント

勝手な空想に陥らないように、叙述をもとにして書くように呼びかけるのはもちろんですが、その色をどのような意味合いで使っているのかという**「色の定義」について書かせること**もポイントです。「好き」という感情を「赤」で示す子どももいれば、「黄」で表す子どももいます。意見を交流する際に、分かりやすく整理するためにも、注意しておきたいところです。

わらぐつの中の神様

名前（　　　　　　　　　　）

◇登場人物どうしの関わりについて考えよう！

おみつさんと大工さんが初めて出会ったときの心の様子を記号で表そう。

【おみつさん】

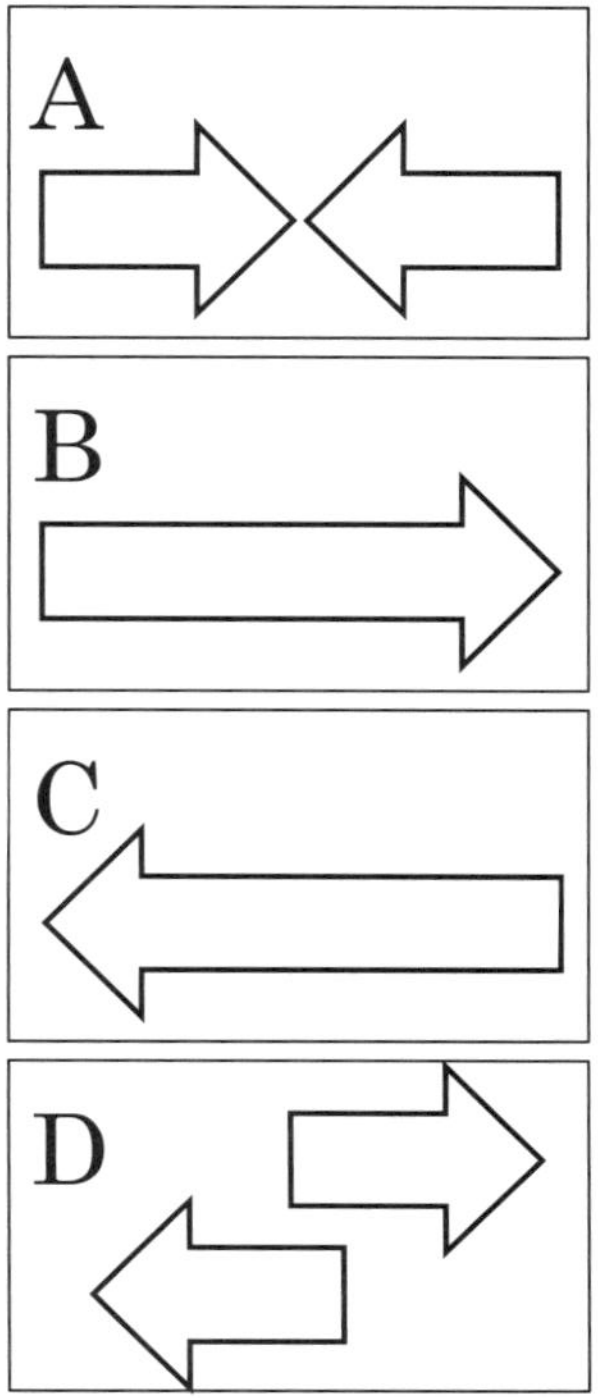

【大工さん】

教材タイプ：⑥
方法：空所を作る

文学・6年

やまなし（光村）

① 教材の特性

タイプ⑥ 解釈や想像が必要な空所がある教材

「五月」の幻灯と「十二月」の幻灯との間には、対比的な表現が用いられています。「かわせみ」と「やまなし」や「日光」と「月光」など、それぞれの世界を構成している言葉が対比的に並べられています。また、「五月」は〈死の世界〉を象徴しており、「十二月」は〈生の世界〉を象徴しているとも言えます。このように、自然の〈神秘〉や〈秩序〉を対比的な表現で描き出し、読み手の解釈や想像を触発している点が、本教材の大きな特徴と言えるでしょう。

〈図解〉二枚の幻灯の対比関係

幻灯一「五月」〈死の世界〉	⇔ 対比的な表現	幻灯二「十二月」〈生の世界〉
・かわせみ ・日光（昼） ・黒くとがっている ・こわい　など…		・やまなし ・月光（夜） ・黒い丸い大きなもの ・いいにおい　など…

活用する場面と指導のねらい

活用する場面　第二次後半
指導のねらい　対比的な表現

二枚の幻灯を比較することで見出した「対比的な表現」を手がかりに、タイトルを考えさせる。

② 学習課題

二枚の幻灯それぞれにタイトルを付けるとすれば…？

③ 板書例

やまなし

宮沢 賢治 作

二枚の幻灯それぞれにタイトルを付けるとすれば…？

幻灯一
・かわせみ
・日光（昼）
・黒くとがって
・こわい

対比的な表現

幻灯二
・やまなし
・月光（夜）
・黒い丸い…
・いいにおい

〈死の世界〉
・弱肉強食
・恐怖の世界
・自然の〈闇〉

〈生の世界〉
・生きる喜び
・平和な世界
・自然の〈光〉

「対比的な表現」をつかむことで、作品の世界をより細かく理解することができる。

④ 展開例

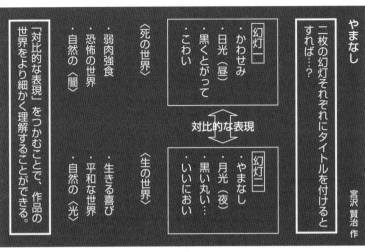

やまなし

名前（　　　　　　）

◇二枚の幻灯を比べて考えよう！

「幻灯一」と「幻灯二」を比べて、反対のような意味合いで用いられている言葉を見つけよう。

【幻灯一】

・かわせみ
・日光
・コンパスのように黒くとがっている
・こわい
・青く暗く鋼のよう

死の世界

魚がかわせみにつかまった所や、暗くてこわい様子から死の世界を表していると思った。

対比的な表現…反対のような意味合いで使われている言葉

【幻灯二】

・やまなし
・月光
・黒い丸い大きなもの
・いいにおい
・青白い火を燃やしたり消したり

生の世界

月が明るく光っている所や、やまなしが落ちてきた所が、「生」を表していると思った。

⑤ワークシートの活用例

❶〈展開1〉で左頁のワークシートを配付します。
❷対比的な表現を見つける時間を7分程度とります。（実態に応じてペアで取り組ませてもよいです。）
❸見つけた対比的な表現をグループで共有します。
❹タイトルを考えさせて、全体で意見交流します。

⑥活用のポイント

実態にもよりますが、「対比的な表現」を見つけるのは、簡単にできるものではありません。**まずは、「対比的」が何を指すのか、例を示すこと**が必要です。例えば、「大と小」「明と暗」など、分かりやすい例を示した後、**見本となるような表現を本文中から見つける**のがよいでしょう。その上で、実態に応じてペアやグループで取り組ませることが大切です。

やまなし

名前（　　　　　　　　　　　　）

◇二枚の幻灯を比べて考えよう！

「幻灯一」と「幻灯二」を比べて、反対のような意味合いで用いられている言葉を見つけよう。

【幻灯一】

【幻灯二】

文学・6年

海の命（光村・東書）

教材タイプ：⑥
方法：もしも…と想像する

① 教材の特性

タイプ⑥ 解釈や想像が必要な空所がある教材

太一が、父に憧れて漁師を目指し、与吉じいさに弟子として育てられ、母の思いも受け止めながら生きていく姿が描かれています。語りは三人称ですが、語り手は基本的に太一の視点から語っています。作品は語り手の言葉である地の文が中心で、会話文もありますが、会話のやり取りはありません。それに加え、中心人物の太一も含め、人物の心情が明確に語られていない「空所」も多いことから、各人物の考えや心情が読み取りやすい作品ではありません。

② 学習課題

もしも、ほほえむ直前に誰かの声が聞こえたとしたら…

〈図解〉作品の空所

第五場面

水の中で太一はふっとほほえみ、ずっと追い求めてきた瀬の主なのに、ついに殺さなかった。

なぜ？

＊この部分の太一の心の中は、作品で明確に語られていない「空所」。

活用する場面と指導のねらい

活用する場面 第二次後半

指導のねらい **複数の人物の関わり**

中心人物の心情や考え、生き方の変化には、複数の登場人物が影響していることを理解させる。

③ 板書例

海の命　立松 和平 作

太一「おとう、ここにおられたのですか。」
＊あんなに追い求めていたのに、急になぜ？

もしも、誰かの声が聞こえてきていたとしたら…「誰の」「どんな声」だろうか？

おとう 13人
・お前はもう立派な漁師だぞ。
・これからもここで、見守っているから。

与吉じいさ 17人
・「千匹に一匹でいいんだ。」
・生きていくのに、必要以上のことはするな。

母 5人
・お前まで失ったら、私はもう生きていけない。
・おとうと同じ道を歩まないでほしい。

中心人物の変化には、複数の人物の存在が関わり、影響している。

④ 展開例

海の命

名前（　　　　　　）

◇その時、太一に聞こえたのは、だれの、どんな声？

だれの声　→　（　おとう　）

どんな声

お前はもう、立派な漁師だ。おとうは、これからもここで、見守っているからな。

太一が、「おとう、ここにおられたのですか。また会いに来ますから。」と言っているところに目を付けました。こういう風に言うということは、瀬の主を、おとうだと思うようになったということだと思います。だからきっと、このとき、太一には、おとうの言葉が聞こえたんだと思います。ここでおとうの声がしたからこそ、瀬の主を、おとう、そして海の命だと思えたと思います。

〈学習感想〉

誰の声が聞こえたかということの話し合いで、「母」という意見の人がいることに、驚きました。私は、全くそんな風には思っていなかったからです。たしかに、最後の場面に、「母は、おだやかで…」ということが書かれているので、太一が「母」を思って、瀬の主と戦わないことを選んだとも考えることができるなあと思いました。

⑤ワークシートの活用例

❶〈展開1〉で左頁のワークシートを配付します。

❷記入後、「おとう」や「与吉じいさ」など、多数派となることが予想される意見から発表を促します。

❸本時での話し合いの内容を踏まえ、最後に学習感想を記入させます。

⑥活用のポイント

通常、ワークシートに記入した意見を発表させる際、人数が少ない立場から発表させるようにします。少数派意見を後にすると、「やっぱり意見を変えます。」と、どうしても多数派に引き寄せられてしまいがちだからです。しかし、今回は、多数派となることが予想されるものから発表を促します。なぜなら、「母」という考えは、なかなか思いつかない考えであり、それが後から発表されることで、多数派の考えが揺さぶられるからです。

海の命

名前（　　　　　　　　）

◇その時、太一に聞こえたのは、だれの、どんな声？

だれの声→（　　　　　　）

どんな声

〈学習感想〉

【参考文献】

・森田信義（一九八四）『認識主体を育てる説明的文章の指導』渓水社
・森田信義（一九八九）『筆者の工夫を評価する説明的文章の授業』明治図書
・西郷竹彦（一九八九）『〈文芸研〉国語教育事典』明治図書
・長崎伸仁（一九九二）『説明的文章の読みの系統―いつ・何を・どう指導すればいいのか―』素人社
・長崎伸仁（一九九七）『新しく拓く説明的文章の授業』明治図書
・木村勝博（二〇〇三）『テクスト論と五つの相互作用 文学的認識性を求めて』郁朋社
・マイケル・ポランニー著・高橋勇夫訳（二〇〇三）『暗黙知の次元』筑摩書房
・桂聖（二〇一一）『国語授業のユニバーサルデザイン』東洋館出版社
・三浦剛（二〇一三）「思考の深化を促す読みの工夫で読解と表現をつなぐ～「大造じいさんとがん」（教育出版・小学5年）～」・髙橋達哉（二〇一三）「『比較』と『選択』で、読解と表現をつなぐ説明文の授業～「すがたをかえる大豆」（光村図書・小学3年）～」長崎伸仁・吉川芳則・石丸憲一編著（二〇一三）『読解と表現をつなぐ文学・説明文の授業』学事出版
・桂聖編著・授業のユニバーサルデザイン研究会沖縄支部著（二〇一三）『教材に「しかけ」をつくる国語授業10の方法 説明文アイデア50』東洋館出版社
・田近洵一（二〇一三）『創造の〈読み〉新論―文学の〈読み〉の再生を求めて』東洋館出版社
・髙木まさき・寺井正憲・中村敦雄・山元隆春編著（二〇一五）『国語科重要用語事典』明治図書
・長崎伸仁・桂聖（二〇一六）『文学の教材研

究コーチング』東洋館出版社
・長崎伸仁監修・石丸憲一・神部秀一・鯨井文代編著（二〇一六）『小学校 アクティブ・ラーニングを取り入れた国語授業』東洋館出版
・筑波大学附属小学校 国語教育研究部編著（二〇一六）『筑波発 読みの系統指導で読む力を育てる』東洋館出版社
・桂聖・奈須正裕（二〇一六）『国語授業UDのつくり方・見方』学事出版
・髙橋達哉（二〇一六）「『判断のしかけ』で、楽しく、意欲的に考える授業展開を！」『教育科学 国語教育』七九九、明治図書
・髙橋達哉「『読みたい！』『考えたい！』教材に働きかける読みを！―楽しく読みを深めるしかけ「ランキングづくり」―」全国国語授業研究会・筑波大学附属小学校国語研究部編『子どもと創る国語の授業52』東洋館出版社
・髙橋達哉・桑原勇輔（二〇一六）「『比較』と『選択』で読解する」・長崎伸仁（二〇一六）「人物の心情を直接問わない文学の授業」長崎伸仁・坂元裕人・大島光編著『「判断」をうながす文学の授業―気持ちを直接問わない授業展開』三省堂
・中洌正尭監修・長崎伸仁・三津村正和・正木友則編著（二〇一七）『「判断のしかけ」を取り入れた小学校国語科の学習課題48』明治図書
・香月正登著（二〇一七）『考える力をぐんぐん引き出す指導の要点と技術』明治図書
・吉川芳則著（二〇一七）『論理的思考力を育てる！批判的読みの授業づくり』明治図書
・正木友則（二〇一七）「国語科・教授＝学習過程における『ゆさぶり発問』の検討―説明的文章の学習指導における展開を見据えて―」『国語科教育』八〇、33‐41頁
・髙橋達哉・三浦剛「アクティブ・ラーニングを支える今月の学習課題と授業づくり」『教育科学 国語教育』明治図書（平成二九年四月号〜平成三〇年三月号連載）

おわりに

「先生、さっきの話の続きなんだけどさ、私はやっぱりね…。」

授業は終わったはずなのに、子どもたちが授業の続きを語ってくることがあります。どうやら、その日の学習課題に熱中している様子。そういう子どもたちの姿は、とっても嬉しいものですよね。

本書で紹介した「読解ツール&指導アイデア」は、そんな、子どもたちが熱中し、「考えたい！　面白そう！」と身を乗り出してくれるような授業をつくりたいという願いから生まれたものです。ただし、「生まれた」と言っても、生みの親は私たちではありません。多くは、国語科教育学や授業実践研究の成果として、既に提案されてきたものです。私たちは、これまでに積み上げられてきたものを、私たちなりに解釈してアレンジを加え、現代の若手教師からベテランの先生方まで広く活用いただけるような形で整理したに過ぎないのです。

子どもたちが熱中する授業には、共通点があると思います。それは、「ずれ」があることです。友達の考えとの「ずれ」、教師が提示したものと自分の考えとの「ずれ」、教材に書かれていることと自分の持っている知識や経験との「ずれ」などを感じたとき、子どもたちに問題意識が芽生え、もっと考えてみたい、話し合ってみたいという思いへと、つながっていくと考えられます。

本書の「読解ツール&指導アイデア」は、こうした「ずれ」概念を授業づくりに活用したものが中心となっているのが特長です。先生方の授業づくりに、少しでもお役に立てれば幸いです。

さて、もう一人の著者である三浦剛とは、今年でちょうど十年の付き合いになります。彼は、私にとってはまさに同志。ともに、今は亡き恩師、長崎伸仁先生の「日本の教育を変える！」という目標を追い続けています。院生時代、苦楽を共にした三浦君と、一緒に本が出せるなんて、夢のようです。きっと、長崎先生も喜んでくださっていることと思います。

国語の授業の面白さ、国語科という教科の魅力、教育を研究することの楽しさ、そして教師としていかに生きるべきかを教えてくださったのが、長崎先生です。

「どうや？　国語は面白いやろ？　お前も国語の世界にどっぷり浸かってみたらええんや。」

そう言ってもらうずっと前から、「国語の世界で生きていこう」と決めていました。いや、むしろ、「この人についていこう」と決めていました。

どっぷり浸かった今、長崎先生のような国語教師になることが、私の目標です。

また、本書は、お世話になった先生方、そして仲間の存在があったからこそ、実現したものです。

十年前、国語教育の世界に足を踏み入れたときから、私たちをずっと見守り続けてくださっている東京・国語教育探究の会代表の石丸憲一先生、副代表の神部秀一先生、鯨井文代先生には感謝が尽きません。中でも、石丸先生には、何度温かい励ましをいただき、何度勇気をいただいたことか分かりません。

国語教育探究の会の全国代表である吉川芳則先生、山梨・国語教育探究の会副代表の渡邊克吉先生をはじめ、全国の国語教育探究の会の会員の皆さまにも心から感謝申し上げます。

そして今、もう一人、私には目標とする先生がいます。日本授業UD学会理事長の桂 聖先生です。桂先生と出会って、私の国語授業は大きく変わりました。

東京・国語教育探究の会の研究大会でのことです。説明文分科会での私の実践報告に対し、桂先生は、「この授業で、子どもにどんな読み方が身に付いたの?」と問われました。明確に即答できない私。とっても悔しい思い出です。ですが、この瞬間が、今の私の原点です。

それ以後、筑波大学附属小学校を何度も訪れ、本当にいい授業とは、力の付く授業とは、目指すべき授業はどのようなものなのか、必死で学んできました。桂先生には、様々な機会に、何度も何度も模擬授業を観ていただき、ご指導をいただきました。その都度、鋭く明快なご助言とともに、常に前向きな価値付けをくださり、そしてまた、私のしつこい程の質問にもいつも丁寧なお答えをいただきました。教えていただいたことは、全て大きな財産です。心から感謝申し上げます。

日本授業UD学会国語部会の皆さまに出会えたことも、私の財産です。皆さまと学べば学ぶほど、「全員参加の授業」への思いが強くなっています。皆さまと学ぶのが楽しくてたまりません。

最後に、明治図書出版の木山麻衣子様、本当にありがとうございました。恩師である長崎先生がつくってくださった木山様とのご縁を、これからも大切にしたいと思います。

二〇一八年八月

高橋　達哉

【著者紹介】

髙橋　達哉（たかはし　たつや）

山梨大学教育学部附属小学校教諭
韮崎市立韮崎北東小学校，富士吉田市立明見小学校を経て現職。

全国大学国語教育学会会員，全国国語授業研究会監事，山梨・国語教育探究の会代表，日本授業 UD 学会山梨支部支部長。

月刊誌『教育科学 国語教育』（明治図書）で，2017年４月号から2018年３月号まで「学習課題と授業づくり（小６）」の連載を担当。

『「判断のしかけ」を取り入れた小学校国語科の学習課題48』（明治図書），『授業のユニバーサルデザイン Vol.10』（東洋館出版社）などへの実践掲載多数。

三浦　剛（みうら　つよし）

東京都町田市立鶴間小学校教諭
八王子市立加住小中学校教諭を経て現職。

全国大学国語教育学会会員，全国国語授業研究会監事，東京・国語教育探究の会事務局，日本授業 UD 学会会員。

月刊誌『教育科学 国語教育』（明治図書）で，2017年４月号から2018年３月号まで「学習課題と授業づくり（小５）」の連載を担当。

『「判断のしかけ」を取り入れた小学校国語科の学習課題48』（明治図書），『小学校アクティブラーニングを取り入れた国語授業』（東洋館出版社）などへの実践掲載多数。


「読むこと」の授業が10倍面白くなる！

国語教師のための読解ツール10&24の指導アイデア

2018年10月初版第１刷刊　Ⓒ著　者　髙橋　達哉
2021年11月初版第６刷刊　　　　　　三浦　剛
発行者　藤原　光政
発行所　明治図書出版株式会社
http://www.meijitosho.co.jp
（企画）木山麻衣子（校正）㈱東図企画
〒114-0023　東京都北区滝野川7-46-1
振替00160-5-151318　電話03（5907）6702
ご注文窓口　電話03（5907）6668

＊検印省略　組版所　株式会社木元省美堂

Printed in Japan　ISBN978-4-18-065527-4